Lüpertz · Abschied von der D-Mark

Klaus Lüpertz

Abschied von der D-Mark

Chancen und Risiken der Euro-Währung

GABLER

Die Deutsche Bibliothek – CIP-Einheitsaufnahme

Lüpertz, Klaus:
Abschied von der D-Mark : Chancen und Risiken der Euro-Währung / Klaus Lüpertz. – Wiesbaden : Gabler, 1996
ISBN 3-409-14223-1

Der Gabler Verlag ist ein Unternehmen der Bertelsmann Fachinformation.

Lektorat: Silke Strauß und Iris Mallmann

Satz: FROMM MediaDesign GmbH, Selters/Ts.
Druck und Bindung: Wilhelm & Adam, Heusenstamm
Printed in Germany

ISBN 3-409-14223-1

Mein herzlicher Dank gilt allen, die mir bei diesem Buch geholfen haben.

Besonders danken möchte ich ...
... meiner Frau Reinhild für Ihre Geduld,
... meinen Eltern und Schwiegereltern für zahlreiche Ratschläge,
... meinem Kollegen Klaus-Peter Seidel für die Karikaturen,
... Silke Strauß, Iris Mallmann und Petra Bause im Lektorat Finanzdienstleistungen für die professionelle Unterstützung.

Vorwort

Die Schaffung einer gemeinsamen Währung ist sicher die anspruchsvollste Aufgabe, die sich Europa bisher gestellt hat.

Mit dem „Projekt Euro“ begibt sich die Politik gleichzeitig in die Sphäre der Ökonomie; sie verläßt damit das ihr vertraute Terrain, und auch die Regeln, nach denen hier gespielt wird, sind ihr nicht ganz geläufig.

In der Wirtschaft wird ein Projekt, das beim Mißlingen die Substanz der gesamten Firma gefährden könnte, im Detail geplant. Der Vorstand wird es absegnen, und danach werden die Stäbe unverzüglich an die Umsetzung gehen. Es werden Meilensteine und Abbruchkriterien gesetzt, und jeder verantwortliche Vorstand wird das Projekt abbremsen, wenn er merkt, daß Vorgaben nicht eingehalten werden können.

Nur ein Unternehmen, dem das Wasser bis zum Hals steht, wird die Flucht nach vorn in ein Projekt antreten, das existenzvernichtend ausgehen kann.

Einige Europapolitiker glauben dagegen, die ökonomischen Grundregeln nicht vollständig beachten zu müssen. Man hat zwar Vorbereitungen für den Euro getroffen, es gibt die Maastrichter Planung; aber sie hat viele Mängel. Doch nachgebessert werden darf nicht. Der Vorstand Europas – der Rat der Staatschefs – gibt trotzdem weiter grünes Licht für das Projekt Euro.

Nur ein Teil der Maastrichter Meilensteine wurde bisher erreicht. Statt kontinuierlich zusammenzuwachsen, zerfiel das EWS. Nun steht der „Vorstand“ Europas vor der Wahl, die Abbruchkriterien in den Wind zu schlagen, damit nicht das ganze Projekt abgeblasen werden oder zumindest verschoben werden muß: Die EWWU – so ist der Stand der Dinge – kann nicht mehr zum geplanten Termin am 01. Januar 1999 beginnen, wenn die Maastrichter Kriterien, die 1992 nach dem damaligen Stand der volkswirtschaftlichen Durchschnittskennzahlen vereinbart wurden, „hart“ interpretiert werden. Überall sind die Staatsfinanzen aus dem Ruder gelaufen. Es liegt jedoch nicht an der augenblicklich schlechten Konjunktur, daß die Lage ist, wie sie ist. Es liegt an der inkonsequenten Politik über mehrere Jahre, die nach Maastricht das große Ziel Euro nicht im Auge behielt und stabilitätspolitisch schluderte.

Soll Europa trotzdem diese – wie viele meinen – einmalige Chance nutzen, bevor das historische Fenster wieder geschlossen ist?

Bevor man hier vermeintlich zukunftsorientiert mit der „Avantgarde“ stimmt, gilt es folgendes abzuwägen: Das Kernziel der Währungsunion ist ein politisches, kein ökonomisches. Es ist die enge Verbindung Deutschlands mit Frankreich, die Verhinderung eines „übermächtigen Deutschland“ im neuen Europa nach Auflösung des Ostblocks. Oder wie Bundeskanzler Kohl es mit Pathos formulierte, die Entscheidung zwischen Krieg und Frieden. Dafür ist die Politik bereit, einen auf eine kleine Teilnehmerzahl zusammengeschmolzenen Währungsverbund hinzunehmen; Hauptsache, er kettet die beiden über Jahrhunderte in Kriege verwickelten Nachbarn ökonomisch aneinander und sichert damit Europas Zusammenhalt.

Doch kann nicht selbst dieses politische Kernziel allzu leicht verfehlt werden?

Wird nach Schaffung eines solchen Hartwährungskerns der Sog wirklich ausreichen, um die anderen Europäer – vorneweg Italiener, Spanier, Portugiesen und eines Tages vielleicht auch die Griechen – in den Verbund hineinzuziehen? Es fällt schwer, dies zu glauben. Der ökonomische Sinn und Zweck des Euro ist es, gerade den Teilnehmerländern der Währungsunion Wettbewerbsvorteile zu verschaffen. Schon in der augenblicklichen Lage ist Italien ein völlig aussichtsloser Kandidat für den Euro. Wie soll das Gründungsland der Europäischen Gemeinschaft erst den Weg in den Währungsverbund finden, wenn das Land und seine Bürger auch noch gegen diese neuen Wettbewerbsvorteile der Euro-Staaten konkurrieren muß? Muß man sich dann nicht noch viel mehr abstrampeln, um den Abstand nicht noch größer werden zu lassen, als er heute schon ist? Kommt statt des unwiderstehlichen Sogs nicht die große Frustration?

Die Sogwirkung kann in Wirklichkeit nur für die Länder entstehen, die dem Währungsverbund beitreten könnten, es aber nicht wollen: Großbritannien und möglicherweise Dänemark.

Fazit: Will man Europa nicht auf Jahrzehnte ökonomisch und damit auch politisch spalten, müssen nach der Einführung des Euro neue Kriterien formuliert werden, die auch den Südeuropäern die Chance geben, dem Währungsverbund beizutreten. Dies muß politisches Ziel sein. Deshalb kann der Euro perspektivisch nur ein Kompromißgeld sein und damit auf Dauer weicher als die D-Mark!

Vor diesem Hintergrund ist der Anleger darauf angewiesen, sich schon jetzt zu informieren, zu überlegen, welche Anlagen für ihn heute praktikabel sind, welchen er mittel- und langfristig Vertrauen schenkt.

Klaus Lüpertz, Anlage-Profi aus dem Sparkassenverbund und trotz kritischer Einstellung ein Euro-Befürworter, hat sich das weite Feld der Anlagemöglichkeiten vorgenommen und für jede Form das Szenario vor dem Hintergrund eines jeweils harten und weichen EU-Geldes sowie einer Euro-Verschiebung erarbeitet. Er wägt nüchtern und kompetent und benennt Chancen und Risiken eindeutig. Mehr kann der verunsicherte Anleger zur Zeit nicht verlangen. Entscheiden muß er selbst, auf welche geldpolitische Zukunftsperspektive er vertraut. Und er muß das Risiko tragen, das die Politik geschaffen hat.

Inhaltsverzeichnis

Abkürzungsverzeichnis

EAG	siehe EURATOM
ECU	European Currency Unit (Europäische Währungseinheit)
EGKS	Europäische Gemeinschaft für Kohle und Stahl
EGV	Vertrag zur Gründung der EG
EP	Europäisches Parlament
EU	Europäische Union
EURATOM	Europäische Atomgemeinschaft
EWG	Europäische Wirtschaftsgemeinschaft
EWI	Europäisches Währungsinstitut
EWWU	Europäische Wirtschafts- und Währungsunion
IWF	Internationaler Währungsfonds
OECD	Organisation für wirtschaftliche Zusammenarbeit und Entwicklung in Europa

1. Die Entwicklung Europas bis 1945

1.1 Geschichtliche Entwicklung

Europa – dieser Begriff entwickelte sich in den letzten Monaten zum Liebling der Presse. Nie wurde dieses Thema intensiver und konträrer diskutiert als in dieser Zeit. Dabei ist Europa keine neue Idee. Forscht man nach den Begriffswurzeln, so trifft man auf Interessantes:

Der Name Europa wird historisch häufig verbunden mit der Tochter des phönizischen Königs Agenor und dessen Frau Telephassa in der griechischen Mythologie. Sie wird von Zeus, der ihr als Stier gegenübertritt, geraubt und über das Meer nach Kreta entführt. Doch bereits Herodot zweifelte ca. 450 v. Chr. diese Möglichkeit der Namensgebung an, da es sich bei Europa um eine Bewohnerin des asiatischen Kontinents gehandelt hat, die das eigentliche Kerngebiet Europas nie gesehen hat.

Die erste Wortwurzel stammt von assyrischen Steinfragmenten. Dort beschreibt die Vokabel „ereb“ das Land des Sonnenuntergangs und verbindet über die Bildsprache mit der Vokabel auch die Nacht der bösen Gottheiten. Interessanterweise bezeichnet „ereb“ kein Gebiet, sondern eine Himmelsrichtung, deren Gegenstück die Bezeichnung „asu“, Land des Sonnenaufgangs, trägt und von der Wortbestimmung her das heutige Asien meint.

Geographische Bedeutung erlangte Europa durch Homer. In seinem Denken erstellt er bereits 800 v. Chr. eine Weltvorstellung, in der die Erde als Scheibe in vier räumliche Bereiche unterteilt ist. Neben Asia, Thrakes und Libya erscheint in seinen Ausführungen auch hier der Begriff Europa.

Durch das Römische Reich wird der Europabegriff weiter vertieft. So findet man bei römischen Literaten und Geschichtsschreibern den Begriff des Europäers. Als solcher wird ein Bewohner des westlichen und somit Westrom zugehörenden Teils des Römischen Reiches bezeichnet.

Somit wurde bereits in den beiden Jahrhunderten nach Christus der Begriff Europa geographisch sehr nah an das angelehnt, was wir heute unter Europa verstehen. Gefestigt wurde diese räumliche Begriffsdefinition durch die Krönung Karls des Großen (800 n. Chr.), dem Vater Europas, zum Kaiser.

Die Neuzeit brachte dann eine weitere Entwicklungsstufe des Europabegriffes mit sich. Durch zahlreiche Expeditionen und Entdeckungsreisen gelangten „europäische" Forscher und Wissenschaftler in alle denkbaren Teile der Welt und verbreiteten dort die europäische Idee. Gestützt wurde sie in dieser Zeit von Landesführern, die bestrebt waren, Europa friedvoll zu harmonisieren und Vormachtstellungen entgegenzuwirken.

Erst mit den beiden großen Weltkriegen zu Beginn dieses Jahrhunderts läutete Europa selber eine Änderung des bis dahin gültigen Status ein. Die Verfeindungen der europäischen Länder untereinander sorgten für großen materiellen Schaden und persönliches Leid. Dies alles führte unter den kritischen Augen der Nichteuropäer, insbesondere der Amerikaner, dazu, daß Europa seine bis dahin unbestrittene Vormachtstellung in der Welt abgeben mußte.

1.2 Kulturelle und politische Entwicklung

Der erste Höhepunkt einer europäischen Harmonisierung war durch das Römische Reich herbeigeführt worden. Nach dessen Untergang zerfiel Europa wieder in einen Vielvölkerstaat, in dem auf engem Raum zahlreiche Kulturen und Traditionen aufeinandergestoßen sind. Das Ergebnis muß man zweiteilen:

Zum einen produziert eine solche multikulturelle Mischung stets ein hohes Maß an Ideenreichtum und Gedankenaustausch und bringt somit die jeweiligen Kulturen voran. Dies gilt allerdings nur, solange die Völker untereinander harmonieren. In Europa war das nicht immer so.

Zum anderen kommt es bei einer solchen Konstellation auch sehr häufig zu politischen Unstimmigkeiten unter den einzelnen Gruppen und daraus resultierend nicht selten zu kriegerischen Auseinandersetzungen, die die Ergebnisse der vorangegangenen Zusammenarbeit wieder zerstören.

Das heutige Europa ist dabei in Aufbau und Vielfalt nicht vergleichbar mit dem alten Europa. Ein Beispiel soll dies verdeutlichen. Überlegt man heute einmal, welche romanischen und germanischen Völker es in

Europa gibt, so fallen einem vielleicht Dänen, Deutsche, Engländer, Franzosen, Isländer, Italiener, Niederländer, Norweger, Portugiesen, Rumänen, Schweden und Spanier ein. Bei intensiverem Nachdenken wird diese Gruppe vielleicht noch von Flamen, Katalanen, Korsen, Nord- und Westfriesen sowie Wallonen ergänzt. Doch wenn man ehrlich ist: Wer dachte schon an Galicier, Färinger und Sarden oder hat schon einmal etwas von Aromunen, Friulanern, Ladinern und Romantschen gehört?

Dabei handelt es sich jetzt nur um die romanischen und germanischen Völker innerhalb Europas. Auch in den anderen europäischen Sprachkreisen findet man bisher unentdeckte Gruppen wie Tscherkessen oder Karelier. Insgesamt gibt es in Europa weit über 60 verschiedene Sprachen und entsprechend viele Unterschiede in Tradition und Kultur.

Die Schaffung einer politischen und wirtschaftlichen Einheit Europas als abgeleiteter Wunsch der dargestellten Zustände wurde in Deutschland erstmals durch Immanuel Kant (1724–1804) öffentlich gefordert. Der Königsberger Philosoph, der mit seinen Werken „Kritik der reinen Vernunft“ und „Kritik der praktischen Vernunft“ wichtige philosophische Grundsteine gelegt hat, dachte in seiner Schrift „Vom ewigen Frieden“ erstmals über ein vereinigtes Europa nach und orientierte seine Forderung an der ungefähr zeitgleich durchgeführten Gründung der Vereinigten Staaten.

Die Problematik Europas im 19. Jahrhundert lag darin begründet, daß viele Staaten in Europa untereinander das Mißtrauen aus unterschiedlichen Motiven heraus schürten. Zahlreiche Kriege dokumentieren dies in historisch erschütternder Deutlichkeit, wobei die Auseinandersetzungen in den beiden Weltkriegen ihren Höhepunkt gefunden haben. Um so mehr erstaunt dann, daß schon kurze Zeit nach dem Krieg aus den Trümmern heraus das europäische Vereinigungsbewußtsein aktiviert werden konnte und aufgrund dessen Europa heute zumindest schon gute Ansätze für eine Einigung zeigt. Ein Hauptgrund für diese schnelle Entwicklung ist sicherlich in den doch weitgehend gleichen oder ähnlichen Kulturen zu finden. Diese Gleichförmigkeit der Kulturen ist viel mehr als nur eine ähnliche Auffassung über das tägliche Miteinander. Vielmehr ist sie der Nährboden für ein solidarisches Interesse an Wissenschaft und Forschung, Wirtschaft und Politik.

Diese weitreichende Konformität der Kulturen kann der Nährboden für eine politische und wirtschaftliche Einigung sein. So formulierte es François Mitterand 1995 in Berlin aus Anlaß des 50jährigen Kriegsendes sehr treffend: „Das Europa, das wir gestalten, das Europa, das wir lieben, ist ein Europa, das das Heimatland und das Vaterland der Europäer ist. Bleiben wir uns treu. Uns selbst.“

2. Grundlagen und vertragliche Vereinbarungen zur wirtschaftlichen Kooperation seit 1949

2.1 23. Mai 1949 – Grundgesetz für die Bundesrepublik Deutschland

Bereits im Grundgesetz findet man erste eindeutige Aussagen zu einer Beteiligung Deutschlands an einem europäischen Integrationsprozeß. Somit wird die europäische Integration unseres Landes verfassungsmäßiger Auftrag an alle Deutschen. Der genaue Gesetzestext besagt:

> „… Zur Verwirklichung eines vereinten Europas wirkt die Bundesrepublik Deutschland bei der Entwicklung der Europäischen Union mit, die demokratischen, rechtsstaatlichen, sozialen und föderativen Grundsätzen und dem Grundsatz der Subsidiarität verpflichtet ist und einen diesem Grundgesetz im wesentlichen vergleichbaren Grundrechtsschutz gewährleistet …“[1]

Bei der gesamten Diskussion um ein vereintes Europa muß man sich also stets vor Augen halten, daß die Grundidee bereits seit Jahrzehnten im Grundgesetz verankert ist und bis dato nie so ausführlich, kritisch und kontrovers diskutiert wurde. In der Neufassung des Grundgesetzes aufgrund der deutsch-deutschen Wiedervereinigung ist dieser Artikel bestehen geblieben. Ob und in welchem Ausmaß Änderungen des Grundgesetzes aufgrund des Integrationsprozesses notwendig sind, wird die Zukunft zeigen.

2.2 09. Mai 1950 – Der Schuman-Plan

Mit dieser, nach dem damaligen französischen Außenminister benannten, Regierungserklärung wollte Frankreich im Nachkriegseuropa wieder engere Bande zum direkten und großen Nachbarn Deutschland knüpfen. Der Schuman-Plan umfaßte lediglich die bilateralen Beziehun-

1 Art. 23 Abs. 1 GG.

gen für den Montansektor und war darauf ausgerichtet, in diesem Punkt eine feste Handelseinheit aus den beiden Nationalstaaten zu bilden. Walter Hallstein, der deutsche Delegationsleiter, sah darin eine Chance, wieder dauerhaften Anschluß an das wachsende und im Aufbau befindliche Europa zu finden und die engen Fesseln des Besatzungsrechts teilweise zu lösen. Der Schuman-Plan wurde bereits so konzipiert, daß er sich als Grundstein für weitere europaübergreifende Ordnungen und Verträge verstanden wissen wollte.

2.3 Die „Pariser Verträge"

Schon früh in den 50er Jahren entwickelte sich ein verstärktes und in Europa weit verbreitetes Bestreben, auf den Grundlagen und Ideen des Schuman-Plans basierende weitergehende Verträge zu entwickeln. So kam es zu drei verschiedenen Organisationen.

18. April 1951 – Die Europäische Gemeinschaft für Kohle und Stahl (EGKS)

Im Unterschied zu den anderen frühen europäischen Verträgen ist der Vertrag über die auch als Montanunion bekannte Gemeinschaft auf 50 Jahre begrenzt. Er trat am 01. Januar 1952 in Kraft.

Aus der Vertragsbezeichnung kann man bereits ableiten, daß dieser Vertrag der eigentliche Nachfolger des Schuman-Planes war. Über den europäischen Integrationsprozeß in den Grundstoffindustrien sollte es zu einer volkswirtschaftlichen Belebung, einer Steigerung der Beschäftigung in den Mitgliedsländern und daraus resultierenden sozialen Verbesserungen (z. B. verbesserte Arbeitsbedingungen, erhöhte Lebensqualität) kommen.

Der EGKS-Vertrag deckte über den Bereich Kohle einen großen Teil des europäischen Energiekonzeptes ab. Ein anderer Teil findet sich im zweiten frühen Europavertrag.

25. März 1957 – Die Europäische Atomgemeinschaft

Dieser Vertrag ist seit dem 01. Januar 1958 in Kraft, und man bezeichnet die Europäische Atomgemeinschaft teilweise auch als EURATOM oder kürzt einfach die Bezeichnung auf EAG ab.

Gegenstand des Vertragswerkes sind Sonderregelungen zur friedlichen Kernenergienutzung. Dabei sollten verstärkt die länderübergreifenden Aspekte wie beispielsweise die Schaffung einheitlicher Sicherheitsstandards oder auch gemeinsames Auftreten gegenüber Drittländern im Vordergrund stehen. Die verfolgten Ziele des Vertrages sind ähnlich derer des EGKS-Vertrages, wenn man sich auch zur Erreichung der Ziele eines anderen Mittels, der Kernenergie, bedient.

25. März 1957 – Die Europäische Wirtschaftsgemeinschaft

Zeitgleich mit dem EAG-Vertrag trat auch der Vertrag über die Europäische Wirtschaftsgemeinschaft, kurz EWG, in Kraft. Dabei handelt es sich bei dieser Organisation um die mit Abstand wichtigste, da die erklärte Zielsetzung darin besteht, die Volkswirtschaften der teilnehmenden Länder zu integrieren. Ein Werkzeug bei der Umsetzung soll der gemeinsame Binnenmarkt sein. Die Grundidee dabei ist, daß in allen Teilnehmerländern die gleichen Wettbewerbsvoraussetzungen vorzufinden sind und von daher regionale Unterschiede keine störenden Einflüsse darstellen können. Gestützt werden soll diese Entwicklung durch ein langsames und schrittweises Annähern der Wirtschaftspolitik in den einzelnen Ländern. Zielprojektion des Vertrages ist die Erreichung dieser Vorhaben ohne wesentliche staatliche Eingriffe.

Beteiligte dieses Vertrages waren Vertreter aus Belgien, Deutschland, Frankreich, Italien, Luxemburg und den Niederlanden, wobei neben Dr. Konrad Adenauer wiederum Professor Dr. Walter Hallstein, der schon am Schuman-Plan mitwirkte, Bevollmächtigter der Bundesrepublik Deutschland war.

Die aus diesem Vertrag hervorgehende Europäische Gemeinschaft hatte bereits 1957 zahlreiche Ideen als Ziele formuliert, die in letzter Zeit immer wieder direkt den sogenannten „Maastrichter Verträgen“ zugeschrieben werden. Aufgrund der Tatsache, daß der Vertrag zur Gründung der Europäischen Gemeinschaft so grundlegende und fundamentale Aussagen zu Europa allgemein und wichtige Aussagen für das heutige Europa im besonderen enthält, sollen die wesentlichsten Punkte kurz erläutert werden: Sehr früh im Vertrag zur Gründung der Europäischen Gemeinschaft (EGV) werden die zukünftigen Aufgaben beschrieben. Hauptaufgabe der neuzuschaffenden EG soll es demzufolge sein, die Voraussetzungen für

> „… eine harmonische und ausgewogene Entwicklung des Wirtschaftslebens innerhalb der Gemeinschaft …“[2]

zu sichern. Darüber hinaus soll

> „… ein beständiges, nichtinflationäres und umweltverträgliches Wachstum,
> ein hoher Grad an Konvergenz der Wirtschaftsleistungen,
> ein hohes Beschäftigungsniveau,
> ein hohes Maß an sozialem Schutz,
> die Hebung der Lebenshaltung und der Lebensqualität,
> der wirtschaftliche und soziale Zusammenhalt und
> die Solidarität zwischen den Mitgliedstaaten …“[3]

gefördert werden.

Diese Ziele sollen durch drei Mittel erreicht werden, nämlich durch die Errichtung eines gemeinsamen Marktes, einer Wirtschafts- und einer Währungsunion.

Zur Umsetzung der Ziele werden in Art. 3 EGV vielfältige gemeinschaftliche Ziele definiert, z. B. die Abschaffung der Zölle, die Einrichtung einer gemeinsamen Handelspolitik oder auch die Angleichung innerstaatlicher Rechtsvorschriften.

Für die momentane Diskussion ist der Art. 3a EGV interessant, da dort die Tätigkeiten der Gemeinschaft im Rahmen der Wirtschafts- und Währungsunion festgelegt sind. Unter anderem wird dort reglementiert, daß parallel zur Einführung der Wirtschaftsunion die Währungsunion über

> „… die unwiderrufliche Festlegung der Wechselkurse im Hinblick auf die Einführung einer einheitlichen Währung, der ECU, sowie die Festlegung und Durchführung einer einheitlichen Geld- sowie Wechselkurspolitik, … unter Beachtung des Grundsatzes einer offenen Marktwirtschaft mit freiem Wettbewerb …“[4]

geschaffen werden soll.

---

2 Art. 2 EWG-Vertrag.
3 Siehe [1].
4 Art. 3a Abs. 2 EGV.

Abgeschlossen wird Art. 3a durch eine Aufzählung von Voraussetzungen, die bei Schaffung und Implementierung der gewünschten europäischen Ziele eingehalten werden müssen. Im einzelnen werden

> „... stabile Preise, gesunde öffentliche Finanzen und monetäre Rahmenbedingungen sowie eine dauerhaft finanzierbare Zahlungsbilanz ...“[5]

gefordert. Bei näherer Betrachtung dieser Forderungen ist offensichtlich, daß es sich hierbei bereits um die sogenannten Konvergenzkriterien handelt. Art. 109j EGV definiert diese Kriterien dann auch eindeutig und setzt fest, daß die Einhaltung dieser Kriterien Voraussetzung für den Eintritt in die dritte Stufe ist.

Somit wird klar, daß die Aufnahmebedingungen für die EWU keine neue Erfindung sind, sondern lediglich eine weitergehende Interpretation dieses fast 40 Jahre alten Vertragswerkes sind.

Als einen wesentlichen Punkt regelt der EGV-Vertrag auch die sogenannte Subsidiarität. Dem liegt folgende Überlegung zugrunde: Für welche Prozesse macht eine solche Vereinigung überhaupt Sinn? Bei Analyse der Gesamtheit aller zu bewältigender Aufgaben kommen zwei mögliche Lösungsansätze in Betracht.

Der erste geht den Weg der funktionsgebundenen und sachlogischen Argumentation und kommt demzufolge zu der Aussage, daß eine solche Form der Vereinigung ausschließlich für Vorgänge in Frage kommt, die von den einzelnen Nationalstaaten nicht losgelöst voneinander abgearbeitet werden können und deshalb zur Planung, Entwicklung, Durchführung und Kontrolle ein länderübergreifendes Gremium benötigen.

Der zweite Denkansatz geht einen anderen Weg. Er geht von der Prämisse aus, daß ein supranationales Gremium mit entsprechendem Vertragswerk geschaffen wird und überlegt nun, welche Aufgaben diesem Gremium übertragen werden sollen. Dabei werden selbstverständlich zuerst jene Aufgaben transferiert, die unbedingt von einem solchen Gremium abgearbeitet werden müssen. Es kann dann aber auch passieren, daß es so nicht zu einer Auslastung der Arbeitsressourcen kommt und bei einer solchen Vorgehensweise der politische Anspruch der

5 Art. 3a Abs. 3 EGV.

Institution im Vordergrund steht. In letzter Konsequenz könnten so Aufgaben an das länderübergreifende Gremium delegiert werden, die auch von anderen (nationalstaatlichen) Instanzen mit gleicher Qualität übernommen werden könnten. Nicht ohne Grund kommt dem argwöhnisch-kritischen Betrachter der Sponti-Spruch: „Die Regierung braucht die Menschen – kein Mensch braucht Regierungen." in den Sinn, wenn er auch an dieser Stelle über das Ziel hinausschießt.

Der EGV trifft eindeutige Aussagen zu dieser Problematik:

> „... In den Bereichen, die nicht in ihre ausschließliche Zuständigkeit fallen, wird die Gemeinschaft nach dem Subsidiaritätsprinzip nur tätig, sofern und soweit die Ziele der in Betracht gezogenen Maßnahmen auf Ebene der Mitgliedstaaten nicht ausreichend erreicht werden können und daher wegen ihres Umfangs oder ihrer Wirkungen besser auf Gemeinschaftsebene erreicht werden können. Die Maßnahmen der Gemeinschaft gehen nicht über das für die Erreichung der Ziele dieses Vertrags erforderliche Maß hinaus."[6]

Somit fordert bereits der Vertrag von 1957 das sachlogische Vorgehen.

Dem Leser mag sich nun die Frage aufdrängen: Warum hat man diesen Vertrag so lange nicht beachtet und vor allem: warum hat man gerade Anfang der 90er Jahre mit der rigorosen Umsetzung des Plans begonnen, also gut 35 Jahre nach Vertragsunterzeichnung? Diese Frage ist nur auf den ersten Blick berechtigt, denn ein Blick in das Vertragswerk von 1957 gibt Auskunft:

> „... Die Gemeinschaft trifft die erforderlichen Maßnahmen, um bis zum 31. Dezember 1992 ... unbeschadet der sonstigen Bestimmungen dieses Vertrages den Binnenmarkt schrittweise zu verwirklichen ..."[7]

Der gesamte Art. 7 EGV gibt einen recht genauen Überblick über den stufenweisen Zeitplan zur Umsetzung. Somit ist der Vertrag von Maastricht also keine neue Idee, sondern lediglich die konsequente Umsetzung der EGV-vertraglich geforderten Vorgehensweise.

6 Art. 3b EGV.
7 Art. 7a EGV.

2.4 28. Februar 1986 – Einheitliche Europäische Akte

Dieses Vertragswerk trat am 01.01.1993 in Kraft (gemäß Art. 7a EGV). Hauptintention dieser Akte war es, daß die Ideen und Vorgaben der älteren Vertragswerke und den bereits daraus entstandenen europäischen Beziehungen in eine Europäische Union mit einem funktionierenden Binnenmarkt umgewandelt werden sollen. Des weiteren soll die europäische Zusammenarbeit in der Außenpolitik realisiert und dazu die entsprechenden Organe mit den nötigen Mitteln ausgestattet werden.

2.5 07. Februar 1992 – Vertrag über die Europäische Union

Das gemeinhin als „Maastricht-Vertrag" bekannte Werk ist seit dem 01. November 1993 in Kraft, nachdem die europäischen Regierungschefs diesen Vertrag schon am 09./10. Dezember 1991 gebilligt haben und somit indirekt schon in die Schaffung eines neuen Geldes einwilligten. Bereits in der Präambel wird eine erste Aussage zur zukünftigen europäischen Währung getroffen:

> „... ENTSCHLOSSEN, die Stärkung und die Konvergenz ihrer Volkswirtschaften herbeizuführen und eine Wirtschafts- und Währungsunion zu errichten, die im Einklang mit diesem Vertrag eine einheitliche, stabile Währung einschließt ..."

Unter den Zielen findet sich dann schon eine genauere Definition:

> „Die Union setzt sich folgende Ziele:
> – die Förderung eines ausgewogenen und dauerhaften wirtschaftlichen und sozialen Fortschritts, insbesondere durch Schaffung eines Raumes ohne Binnengrenzen, durch Stärkung des wirtschaftlichen und sozialen Zusammenhalts und durch Errichtung einer Wirtschafts- und Währungsunion, die auf längere Sicht auch eine einheitliche Währung nach Maßgabe dieses Vertrags umfaßt; ..."[8]

---

8 Art. B EUV.

Das „Protokoll über den Übergang zur dritten Stufe der Wirtschafts- und Währungsunion“ gibt dann wiederum näheren Einblick in die weitere Planung:

> „Die Hohen Vertragsparteien
> erklären mit der Unterzeichung der neuen Vertragsbestimmungen über die Wirtschafts- und Währungsunion die Unumkehrbarkeit des Übergangs der Gemeinschaft zur dritten Stufe der Wirtschafts- und Währungsunion.
> Alle Mitgliedstaaten respektieren daher unabhängig davon, ob sie die notwendigen Voraussetzungen für die Einführung einer einheitlichen Währung erfüllen, den Willen der Gemeinschaft, rasch in die dritte Stufe einzutreten, und daher behindert kein Mitgliedstaat den Eintritt in die dritte Stufe.
> Falls der Zeitpunkt für den Beginn der dritten Stufe Ende 1997 noch nicht festgelegt ist, beschleunigen die betreffenden Mitgliedstaaten, die Gemeinschaftsorgane und die sonstigen beteiligten Gremien im Lauf des Jahres 1998 alle vorbereitenden Arbeiten, damit die Gemeinschaft am 01. Januar 1999 unwiderruflich in die dritte Stufe eintreten kann und die EZB und das ESZB zu diesem Zeitpunkt ihre Tätigkeit in vollem Umfang aufnehmen können.“

Das „Protokoll über die Konvergenzkriterien nach Art. 109j des Vertrags zur Gründung der Europäischen Gemeinschaft“ gibt darauf aufbauend einen Überblick über die Handhabung der 1957 festgelegten Konvergenzkriterien.

Die EUV-Protokolle treffen auch eindeutige Aussagen über die Satzung des Europäischen Systems der Zentralbanken, der Europäischen Zentralbank und des Europäischen Währungsinstituts.

Datum	Ereignis
18. April 1951	Gründung der EGKS
25. März 1957	Unterzeichnung der Römischen Verträge
1964	Gründung des „Ausschusses der Präsidenten der Zentralbanken der Mitgliedsstaaten der EWG“
1972	Das System von Bretton-Woods wird durch die Währungsschlange ersetzt; die sechs EG-Währungen sollen nur noch in einer Bandbreite von +/– 2,25 % schwanken können
1973	Beitritt Großbritanniens, Irlands und Dänemarks
1975	Die ECU wird als europäische Währungseinheit eingeführt
1979	Einführung des EWS und 1. Direktwahl des Europäischen Parlaments
1981	Beitritt Griechenlands
1986	Verabschiedung der Einheitlichen Europäische Akte und Beitritt Spaniens und Portugals
1989	Billigung des „Delors-Plan“; er sieht die stärkere Koordinierung der Wirtschafts- und Währungspolitik der Mitgliedsstaaten, die Gründung einer europäischen Zentralbank und die Schaffung einer Gemeinschaftswährung vor
1990	„Beitritt“ der neuen deutschen Bundesländer durch die deutsche Einheit
01. Juli 1990	Start der ersten Stufe der Wirtschafts- und Währungsunion
07. Februar 1992	Abschluß des Maastrichter Vertrages
1993	Übergang zum europäischen Binnenmarkt und Erweiterung der Bandbreiten im EWS auf +/– 15 %
1994	Start der zweiten Stufe der EWU und Gründung des Europäischen Währungsinstituts (EWI)
01. Januar 1995	Beitritt Finnlands, Österreichs, Norwegens und Schwedens

Abbildung 1: Die Entwicklung Europas in der Übersicht

2.6 Weitere Ereignisse in der Entwicklung Europas

Im September 1992 kommt es zur ersten großen Krise im EWS. Das britische Pfund und die italienische Lira treten auf eigenen Wunsch aus dem EWS-Mechanismus aus. Die spanische Peseta wird stark abgewertet.

Im August 1993 kommt es zur zweiten EWS-Krise und die Bandbreiten des Wechselkurssystems werden von ursprünglich +/– 2,25 % und zwischenzeitlich +/– 6 % auf nunmehr +/– 15 % ausgedehnt.

Der 01. November 1993 wird zu einem historisch bedeutsamen Datum der deutschen Geschichte, denn das Bundesverfassungsgericht ratifiziert den Vertrag über die Europäische Union, der damit in Kraft tritt.

3. Der Weg zur Europäischen Union – Das Dreistufenmodell

Aus dem EG-Vertrag abgeleitet ergeben sich drei Stufen auf dem Weg zur Europäischen Union. Bei der Betrachtung aller Stufen fällt auf, daß oftmals vorrangig politisch und nicht wirtschaftlich mobilisierte Entscheidungen getroffen worden sind. Für die Stufen I und II läßt sich dies bereits herleiten. Für die Stufe III gilt ebenfalls die Grundüberlegung, ob man in Europa tatsächlich so weit ist, daß die Einführung einer gemeinsamen Währung der krönende Abschluß und somit auch der letzte und wirtschaftlich notwendige Schritt in einem europäischen Integrationsprozeß ist oder ob nicht vielmehr auf der anderen Seite die Wirtschafts- und vor allem die Währungspolitik als Vorreiter einer einheitlichen und zentral gesteuerten Europapolitik ins Feld geschickt wird.

3.1 01. Juli 1990 – Stufe I

An diesem Tag begann die erste Stufe auf dem Weg zur EWWU. Die einzelnen Staaten streben wirtschaftliche Konvergenz auf höchstmöglichem Level an. Gestützt werden soll dieses Vorhaben durch eine engere Koordinierung der nationalen Geldpolitiken. Bereits 1990 gibt es zwischen acht Ländern eine völlige Freiheit des Kapitalverkehrs. Lediglich in Spanien, Portugal, Irland und Griechenland gab es zu diesem Zeitpunkt noch Beschränkungen, die aber mittlerweile beigelegt werden konnten.

3.2 01. Januar 1994 – Stufe II

Die zweite Stufe des EWWU-Prozesses startete an diesem Tag. Gleichzeitig wurde das Europäische Währungsinstitut in Frankfurt am Main errichtet. Aufgabe dieses Instituts ist die Kontrolle der Wirtschafts- und Finanzpolitik in den Mitgliedsstaaten und die Planung der dritten Stufe der EWWU. Aus dem Europäischen Währungsinstitut soll sich später die Europäische Zentralbank entwickeln, deren Aufgabe dann eine weisungsunabhängige zentrale Geld- und Währungspolitik ist. Sie ist dann nur der Preisstabilität verpflichtet, und daraus erkennt man deutlich die enge Anlehnung der Europäischen Zentralbank an die Systematik der Deutschen Bundesbank.

3.3 Ob, und falls ja, wann? – Stufe III

Das Vertragswerk sieht vor, daß spätestens 1996 die Staats- und Regierungschefs der Mitgliedsländer eine erste Prüfung vornehmen. Maßstab für die Prüfung sind die Konvergenzkriterien, die als eine Art Startvoraussetzung für die dritte Stufe zu verstehen sind. Die Konvergenzkriterien sind nachfolgend ausführlich erklärt.

- *Wechselkursstabilität:* Die jeweilige Landeswährung muß vor Eintritt in die dritte Stufe mindestens zwei Jahre ohne Spannungen mit der normalen Bandbreite am Europäischen Währungssystem (EWS) teilgenommen haben.

- *Preisstabilität:* Zur Erfüllung dieses Kriteriums darf die Inflationsrate des jeweiligen Landes im letzten Jahr vor Prüfung der Kriterien den Durchschnitt der drei Länder mit der niedrigsten Inflationsrate nicht um mehr als 1,5 Prozentpunkte überschreiten.

- *Staatsverschuldung:* Dieser Punkt ist nach Art. 104c Abs. 6 zweigeteilt und beinhaltet eigentlich zwei Kriterien. Auf der einen Seite dürfen sich die öffentlichen Haushalte des jeweiligen Nationalstaats nicht mit mehr als 3 % des eigenen BIP im laufenden Jahr neu verschuldet haben, und auf der anderen Seite darf der Gesamtschuldenstand nicht über dem Wert von 60 % des BIP liegen.

- *Kapitalmarktzinsen:* Der Zinssatz langfristiger Kredite darf den durchschnittlichen Vergleichszinssatz der drei preisstabilsten Länder um nicht mehr als 2 Prozentpunkte übersteigen.

Ergibt die Prüfung, daß mehr als die Hälfte aller Länder die Voraussetzungen erfüllen, so kann der Startbeginn für die dritte Stufe festgelegt werden. Der Vertrag sieht für den Fall den frühesten Starttermin für 1997 vor. Dieses Szenario ist aus heutiger Sicht jedoch reine Utopie, da nur Luxemburg alle Kriterien erfüllt. Selbst Deutschland hat momentan

Probleme beim Staatsschuldenkriterium, weil die Neuverschuldung zu hoch ist (ca. 3,6 % des BIP).

Somit wird die erneute Prüfung wohl 1998 erfolgen. Ab diesem Zeipunkt gibt es ein Übergangsszenario aus dem sogenannten „Grünbuch". Dieses Übergangsszenario teilt sich in drei Phasen.

3.3.1 Phase A: Die Vorlaufphase von Anfang bis Mitte 1998

- Im Vorfeld dieser Phase müssen die Regierungschefs bis zum 01. Juli 1998 die Entscheidung treffen, wer letztendlich am gemeinsamen Währungsgebiet teilnimmt. Die Konvergenzkriterien werden also erneut geprüft, und unabhängig von der Anzahl der Teilnehmerländer wird die Umsetzung dann vorangetrieben. Dabei nimmt der Vertrag von Maastricht bewußt in Kauf, daß nicht alle Länder zu diesem Termin die Kriterien erfüllen können. In Art. 109k Abs. 2 des Vertragswerkes ist für diese Länder vorgesehen, daß spätestens alle zwei Jahre oder auf Ersuchen eines Mitgliedsstaates geprüft wird, ob ein Land in die Währungsgemeinschaft aufgenommen werden kann.
- Aus heutiger Sicht ist nur Luxemburg in der Lage, alle Konvergenzkriterien zu erfüllen (siehe auch: einzelne Länderporträts). Man rechnet jedoch mit einem Teilnehmerkreis, der sich außerdem noch aus den Ländern Belgien, Dänemark, Deutschland, Frankreich, Irland, Luxemburg, den Niederlanden und Österreich, also weitgehend dem heutigen DM-Block, rekrutieren wird. In diesen Ländern sind die langfristigen Zinsen aktuell schon auf vergleichbaren Niveaus oder entwickeln sich zügig in diese Richtung, wobei lediglich unterschiedliche Bonitätseinstufungen und teilweise auch Differenzen in der Besteuerung eine völlige Angleichung verhindern. Die genannten Länder verletzen aktuell lediglich das Kriterium der Staatsverschuldung. Hier sieht der Vertrag eine „Hintertüre" vor. Entwickelt sich die Staatsschuldenquote als „hinreichend rückläufig", so kann trotzdem die Aufnahme in den Starterkreis erteilt werden. In Dänemark kann es zusätzlich noch zu weiteren Volksbefragungen und Volksabstimmungen kommen, denn die Dänen haben sich eine Opting-out-Klausel einrichten lassen.
- Für die anderen Länder wird eine Teilnahme in der ersten Phase unter Berücksichtigung der Konvergenzkriterien mehr als unwahrschein-

lich. In dieser Phase werden außerdem alle weiteren relevanten Termine unwiderruflich festgelegt und das Europäische System der Zentralbanken (ESZB) und die Europäische Zentralbank (EZB) errichtet. Zusätzlich beginnt auch der Entwurfprozeß für die neu einzuführenden Banknoten und Münzen.

Exkurs: Das neue Geld

Geld erfüllt im wesentlichen drei Funktionen, nämlich Wertaufbewahrungsmittel, Verrechnungseinheit und Wertmesser. Diese Funktionen kann Geld immer nur dann erfüllen, wenn eine wichtige Voraussetzung erfüllt ist. Das Geld muß Vertrauen genießen und akzeptiert werden. Diese Auszeichnung muß Geld sich verdienen und kann nicht erkauft werden. Akzeptanz entsteht naturgemäß nur auf freiwilliger Basis und steht und fällt mit der Glaubwürdigkeit der in den Prozeß involvierten Institutionen und Personen. Eine wesentliche Aufgabe fällt dabei der EZB und dem ESZB zu. Doch die Aufgabe ist von vornherein schon erschwert worden.

Der Begriff „Geld“ ist eng verbunden mit dem Begriff „Kredit“ und das lateinische „credere“ bedeutet letztlich nichts anderes als „glauben“. Wie schon erwähnt wächst der Glauben oder die Akzeptanz in eine Währung nicht von alleine, sondern muß gefördert, umworben werden.

Zur jetzigen Zeit wissen viele EU-Bürger nur eines über die neue EU-Währung. Sie wird Euro heißen, wobei die Unterteilung des Euros Cent sein wird. Die Namensgebung erscheint aus diversen Gründen nicht sinnvoll. Das ist erschreckend, wo doch offensichtlich diesem ersten Merkmal der neuen Währung so hohe Bedeutung zukommt. Der schlecht gewählte Name belastet den Weg der Währung bereits von vornherein psychologisch sehr stark. Die Vorsilbe „Euro“ verbinden viele Bürger des neuen Währungsraumes mit europäischen Institutionen und somit indirekt mit Bürokratie etc. und übertragen so unbewußt ihre negativen Erfahrungen aus der Vergangenheit auf die Währung.

Diese Erkenntnis ist nicht neu, sondern darauf hatte bereits Frankreichs Staatschef Jacques Chirac im Vorfeld des Gipfels von Madrid 1995 hingewiesen. Die Wichtigkeit des Themas war auch den deutschen Politikern bewußt, denn sie waren es, die die Namensgebung zu einem Tagesordnungspunkt auf dem EU-Gipfel gemacht haben.

Zweifelsohne erfüllt der Name „Euro" einige Qualitätsmerkmale, die nicht zu unterschätzen sind. Zum einen ist er in jeder europäischen Sprache auf die eine oder andere Art und Weise bereits integriert. Zum anderen ist er aus genau diesem Grund auch leicht merkbar und ist letztendlich auch nationenneutral. Diese Vorteile überdecken aber nicht die Tatsache, daß die Bezeichnung „Euro" äußerst synthetisch und steril wirkt.

Eine europaweite Marketinginitiative zur Namensfindung hätte aber dafür sorgen können, daß eine Bezeichnung gefunden worden wäre, die noch anderen Anforderungen gerecht wird. So ist lange die Idee diskutiert worden, daß die neue Währungsbezeichnung auch eine Anlehnung an eine bisherige Währung haben sollte. Ebenfalls nicht von der Hand zu weisen ist die Überlegung, die Bezeichnung „Euro" zunächst vor die jeweilige Nationalwährung zu setzen. Dann wäre es nur eine Frage der Zeit gewesen, bis die Bevölkerung gemerkt hätte, daß ein EU-Gulden die gleiche Kaufkraft besitzt wie eine EU-Krone oder die EU-Mark. Auf diese Art und Weise wäre auch keine Nation bei der Namengebung übergangen worden. Im Lauf der nächsten Jahre, beispielsweise mit Übergang in das Jahr 2005, hätte man dann die Nachsilben streichen können.

Man darf zumindest glücklich darüber sein, daß der Name ECU nicht übernommen worden ist, denn dieser hat in den letzten Jahren gegenüber der DM viel an Wert und somit an Glauben verloren.

Geplant ist, daß der höchste Nennwert für Euromünzen bei 2 Euro liegen soll und der niedrigste Nennwert für Scheine auf 5 Euro lautet.

Das Aussehen der Banknoten ist zur Zeit ein aktuelles Gesprächsthema. Zwei Modelle werden dabei angedacht.

- Das erste unterstellt einen europaweit identischen Euro.
- Das andere sieht vor, daß zwar die Vorderseite in allen Ländern gleich ist, die Rückseiten können jedoch von den einzelnen Regierungen mit landesüblichen Motiven versehen werden. Dadurch kann man optisch immer noch den „französischen", „finnischen" oder „deutschen" Euro unterscheiden. Gegen diese Variante spricht, daß dadurch das teilweise noch sehr starre Nationaldenken der Bürger weiter gefördert wird.

Die Motivauswahl stellt ebenfalls ein ernstzunehmendes Thema, denn sie ist auch ein wichtiger Punkt zur Schaffung von Währungsakzeptanz. So ist es nicht verwunderlich, daß neben Historikern und Künstlern auch Psychologen ein wichtiges Wort mitreden.

Die technische Ausstattung der Scheine muß auch europaweit einheitlich sein. Gerade die Bereiche Sicherheits- und Reproduktionstechnik müssen exakt aufeinander abgestimmt werden. Dies kann im Vorfeld der Produktion durch verbindliche Absprachen bezüglich Druckfarben, eingearbeiteter Sicherheitsmaterialien und letztlich auch Druckpapier geschehen. Der Rat des Europäischen Währungsinstitutes wird verbindlich darüber entscheiden, welche Ausgestaltung die neue Währung haben wird.

Auf ein Kuriosum sei noch hingewiesen. Der mittlerweile offiziell ausgeschriebene Designwettbewerb hat als Thema „Epochen, Stile und europäisches Kulturerbe". Am Wettbewerb teilnehmen kann jedes europäische Land, unabhängig von der voraussichtlichen Teilnahme per 01.01.1999. So kann es zur Sondersituation kommen, daß Eurogeldscheine das Motiv der Akropolis oder von Big Ben aufweisen, obwohl Griechenland oder Großbritannien gar nicht am gemeinsamen Währungsraum teilnehmen. Die Akzeptanz solchen Geldes in der Bevölkerung ist äußerst fraglich.

- Letztendlich werden alle noch verbleibenden juristischen Grundlagen gelegt. So muß beispielsweise beim Übergang zur dritten Stufe der EWWU gewährleistet sein, daß die Satzung des ESZB mit den Satzungen der jeweiligen nationalen Zentralbanken nicht in Widerspruch steht und auch nicht nationales Recht verletzen darf. In Grenzfällen muß den einzelnen Staaten das Recht eingeräumt werden, ihr geltendes Recht an Europarecht anzupassen.

- Wünschenswert ist ein eindeutig definierter, unmißverständlich formulierter und überschaubar ausgearbeiteter rechtlicher Rahmen, der es auch den EU-Bürgern ermöglicht, die einzelnen Regelungen nachzuvollziehen. Das neue Gesetz muß also das Kriterium der Benutzerfreundlichkeit erfüllen. Darunter ist auch zu verstehen, daß die Privatwirtschaft genügend Zeit zur Umstellung auf das neue europäische Recht hat.

- Der ganze Umstellungsvorgang wird Kosten produzieren. Über diese Tatsache sind sich alle einig. Es muß jedoch streng darauf geachtet werden, daß diese auf alle Schultern verteilt werden und nicht einseitig von einer Gruppe im Wirtschaftkreislauf (z. B. Kreditinstitute) getragen werden.

3.3.2 Phase B: Die Umbruchphase von Januar 1999 bis Dezember 2001

- Mit Beginn dieser Stufe werden die Wechselkurse unwiderruflich fixiert und die bisherige Europawährung (ECU) im Verhältnis 1 : 1 auf den neuen Euro umgestellt. Durch dieses Verfahren werden die verschiedenen europäischen Währungen zu unterschiedlichen Ausprägungen der ökonomisch identischen Europawährung. Um eine weitestgehende Kursmanipulation auszuschließen, wird die Berechnungsgrundlage für die Festsetzung der Umrechnungskurse nicht stichtagsbezogen (statisch) sein. Vielmehr diskutiert man zur Zeit ein akzeptables System von Durchschnittskursen der letzten Zeitperioden vor dem Umstellungstag und unterstellt somit eine zeitraumbezogene (dynamische) Wertumrechnung der einzelnen nationalen Währungen. Bei den Kreditinstituten und anderen Institutionen wird es sogenannte Konvertoren geben. Mit deren Hilfe kann man nationale Währungsbeträge zu den unwiderruflich fixierten Kursen in den

Euro oder eine andere beliebige europäische Währung umrechnen (oder umgekehrt). Es muß gewährleistet sein, daß jede Geldschuld einer nationalen Europawährung entweder in den Euro oder in eine andere europäische Währung umgerechnet werden kann und immer den gleichen Gegenwert darstellt. Gleichzeitig entfällt durch die unwiderrufliche Fixierung der Wechselkurse für die teilnehmenden Währungen der Devisenhandel.

- Auf dem Rat in Madrid 1995 haben die Staats- und Regierungschefs beschlossen, daß ab dem Start der dritten Stufe der EWWU nationale Anleihen in Euro emittiert werden dürfen. Dadurch sollen die Märkte bereits frühzeitig an die neue Währung gewöhnt werden und technische Fehler können so möglichst früh auftreten und beseitigt werden.

- Die ESZB und die EZB nehmen ihre Geschäftstätigkeit auf und kümmern sich um die Geld- und Währungspolitik, wobei das Bemühen um Preisstabilität gerade in der Startphase das Hauptaugenmerk dieser Institutionen auf sich lenkt.. Die Umstellung der Wechselkurse hat zur Folge, daß die nationalen Notenbanken und große Teile Kapital- und Devisenmärkte ihre Geschäfte nur noch in Euro abwickeln werden.

- Für den Privatmann ändert sich noch nicht so viel. Seine Brötchen (oder Croissants) kann er weiterhin in DM (oder französischen Francs), sprich in der nationalen Währung bezahlen. Will er dagegen Geld anlegen, so bietet ihm sein Kreditinstitut eine Anlagemöglichkeit in Euro, da zahlreiche Neuemissionen darauf umgestellt werden. Die Bundesregierung diskutiert darüber hinaus, ob auch die vorhandenen börsennotierten Altschulden in Form von Bundesanleihen und Bundesobligationen auf den Euro umgestellt werden, wodurch gleichzeitig das ernsthafte Bestreben im Rahmen der EWWU untermauert wird. Stellen darüber hinaus auch andere nationale Regierungen ihre bisherigen Staatstitel auf den Euro um, so würde auf diesem Weg ein sehr liquider und tiefer Markt geschaffen, der auch weltweit Aufsehen erregen wird und eine Alternative zu den bisher bekannten Märkten darstellt.

- Für die Bundesregierung kann sich dann ein weiterer posititver Aspekt abzeichnen. Bisher war die Akzeptanz von Bundestiteln mit einer Laufzeit unter einem Jahr in Deutschland äußerst gering, und aus diesem Grund kann der private Anleger auch keine solchen Papiere in der Emission erwerben. Europaweit ist diese Begebungsform allerdings üblich und auch die Bundesregierung wird sich dann diesem Trend anpassen können. Das ist positiv zu bewerten, weil durch die unterjährige Verschuldung im Fall einer normalen (versen) Zinsstrukturkurve die Belastung durch Zinszahlungen sinkt.

3.3.3 Phase C: Die letzte Umstellungsphase beginnt am 01. Januar 2002

- Ab diesem Zeitpunkt wird die Umstellung zügig vorgenommen. Der Euro wird als Bargeld ausgegeben und erhält neben den nationalen Geldscheinen und Münzen den Status des gesetzlichen Zahlungsmittels mit der Folge, daß für eine Übergangszeit ein duales Währungssystem geschaffen wird und in jedem Geschäft die Waren mit zwei Preisen ausgezeichnet sind. Einmal wird der Preis in nationaler Währung und einmal in Euro ausgedrückt. Dabei wird aber die nationale Währung auch jeweils nur im bisherigen Land als gesetzliches Zahlungsmittel gelten, d. h., mit der DM kann weiterhin nur in Deutschland bezahlt werden. Der Euro dagegen ist europaweit einsetzbar.

- Ab dem *01. Juli 2002* soll dieses teilweise chaotische System jedoch aufgehoben werden. Die nationalen Scheine und Münzen verlieren ihren Status als gesetzliches Zahlungsmittel und werden nach und nach eingezogen. Ab diesem Tag gibt es nur noch den Euro. Prinzipiell ist zu begrüßen, daß diese Phase des dualen Bargeldumlaufes möglichst minimiert wird, denn sie schafft nur unproduktive Verwirrung.

- Für diese Vorgehensweise gibt es gute Gründe. Zum einen ist das Volumen der umzutauschenden Geldmenge unvorstellbar groß. Selbst der geplante Zeitraum von sechs Monaten ist für dieses Vorhaben reichlich knapp bemessen. Mit dem Einzug der Banknoten ist es keinesfalls getan. Daran hängen noch eine Menge Folgearbeiten wie beispielsweise die unbedingt notwendige Echtheitsprüfung, der Transport des Geldes, eine eventuell notwendige Zwischenlagerung und letztendlich die Vernichtung des alten Zahlungsmittels. Die gewaltige Dimension dieser Phase wird deutlich, wenn man einige

Zahlen kennt. Ende 1994 waren europaweit über 10 Milliarden Geldscheine und über 70 Milliarden Geldmünzen in Umlauf. Selbst wenn man die Länder abzieht, die wahrscheinlich nicht die Konvergenzkriterien zu diesem Termin erfüllen, so spricht man immer noch von Geld mit einem Gesamtgewicht von ca. 150 Millionen Tonnen.

- Europaweit müssen sich die Automatenhersteller auf die neuen Zahlungsmittel einstellen und ihre Apparate austauschen. Dazu gehören nicht nur die Geldausgabeautomaten der Kreditinstitute, sondern vielmehr auch die Automaten des täglichen Bedarfs, wie z. B. Fahrkarten-, Zigaretten- oder Briefmarkenautomaten. Im Rahmen der fortschreitenden Technisierung der Kreditwirtschaft ist für die Folgezeit bis zur Umstellung auch hier tendenziell eher mit einem Anstieg der Systeme zu rechnen, so daß diese Problematik eher ansteigen als nachlassen wird.
- Für die Kreditwirtschaft ergibt sich durch den dualen Geldumlauf eine Vielzahl an Problemen. Aus diesem Grund ist es verständlich, daß die Verbände der Kreditinstitute auf eine möglichst kurze Umstellungsphase hingearbeitet haben. Dadurch werden die firmeninternen Kosten minimiert.
- Ganz wesentlich ist auch, daß die Bürger einen Anpassungszeitraum benötigen. Die wenigsten werden über Nacht in der Lage sein, komplett in einer anderen Währung zu rechnen und denken. Es ist fraglich, ob ein Zeitraum von sechs Monaten für alle ausreichend ist, um sich an die neuen Einheiten zu gewöhnen. Die Umstellung auf die neue Optik der Zahlungsmittel ist dabei noch das geringste Übel, obwohl es auch hier zahlreiche Probleme geben kann (z. B. Blindenpunkte auf den neuen Zahlungsmitteln etc.). Wird der Übergangszeitraum zu großzügig bemessen, so kann es im Denken vieler Bürger dazu kommen, sich nicht schnell genug mit der neuen Währung zu beschäftigen, da die alte nationale Währung ja immer noch ausreichend lange gesetzliches Zahlungsmittel ist.

Die Umstellungen auf den Euro in verschiedenen Geschwindigkeiten ist sehr sinnvoll, da die Wirtschaftssubjekte alle einen unterschiedlichen Kenntnisstand und somit einen unterschiedlichen Vertrautheitsgrad in der Abrechnung mit fremden Währungen haben.

4. Grundüberlegungen und die denkbaren Szenarien

Kein Tag vergeht, an dem nicht die Medien ausführlich über die dritte Stufe der EWWU diskutieren.

„Welches Land wird überhaupt teilnehmen können?"
„Ist der Termin überhaupt haltbar?"

In der öffentlichen Diskussion gibt es drei Kernfragen, die immer wiederkehren.

- Der erste Grundpfeiler ist das zur Zeit *vorgesehene Datum* der Umsetzung der Währungsunion.
- Ein zweiter Pfeiler besteht im *möglichst großen Teilnehmerkreis.*
- Der letzte Pfeiler ist das *Maß der Erfüllung der Konvergenzkriterien*, das laut aktueller Mehrheit möglichst groß sein soll.

Allen Beteiligten scheint klar zu sein, daß eine Erfüllung aller drei Kriterien aus heutiger Sicht unmöglich ist. Wo aber dürfen Abstriche gemacht werden?

Je näher das Datum rückt, desto mehr Probleme werden aufgedeckt, und mittlerweile macht sich eine Art Europaverdrossenheit breit. Für den Geldanleger eine denkbar unbefriedigende Situation, denn auf einmal ändert sich die langjährig bewährte Anlagemaxime. Galt es bisher Vermögen zu mehren, so steht mit einem Schlag der Vermögenserhalt an oberster Stelle, denn keiner kann verläßlich sagen, was die Zukunft bringen wird. Verschiedene Szenarien sind denkbar, und jedes Szenario bietet dem Geldanleger andere Alternativen. Es gilt jetzt abzuschätzen, welcher Meinung man sich anschließt, und dementsprechend die Dispositionen vorzunehmen. Es gibt kein Patentrezept, kein *„Falsch"* und kein *„Richtig"*.

Im folgenden sollen die denkbaren Varianten einmal aufgezeigt werden, bevor das nächste Kapitel die Möglichkeiten der Geldanlage vor dem Hintergrund des jeweiligen Szenarios durchleuchtet.

4.1 Szenario A: Das „harte" Europa

Konzept

Es nehmen wirklich nur die Länder teil, die bis 1998 die Konvergenzkriterien erfüllen.

Konsequenz

Die EWWU wird eine tatsächliche Stabilitätsgemeinschaft, da nur Länder mit gleichen oder sehr ähnlichen wirtschaftlichen Voraussetzungen zusammengefaßt werden. Es gibt weder hohe Inflation noch hohe Zinsen. Erhöhte Zinsen können in diesem Szenario nur im Vorfeld zur Umsetzung auftreten, da dann die Märkte noch von einer gewissen Unsicherheit geprägt sein dürften. Bis zur Umsetzung werden die einzelnen Nationalwährungen gemäß ihrer Konversionserwartungen an den Devisenmärkten bewertet werden, wobei diese wiederum von den jeweils erwarteten stabilitätspolitischen Gewinnen oder Verlusten beeinflußt sein werden.

Die nicht teilnehmenden Länder werden im Vorfeld einiges an Abwertungspotential zu bewältigen haben. Eine wichtige europäische Aufgabe in diesem Szenario ist die rechtzeitige Lösung des Problems, wie die zukünftige Wechselkurspolitik mit Nichtteilnahmeländern der EU aussieht. Denkbar ist dabei ein System ähnlich des alten EWS, freilich unter weitestgehendem Ausschluß der damit verbundenen Nachteile. Das System muß so gestaltet werden, daß die anderen Länder weiterhin die Möglichkeit auf schnellstmögliche Aufnahme in die EWWU haben.

Analyse des Szenarios

Diese Startbedingungen sind aus verschiedenen Gründen wünschenswert. Zum einen demonstriert die Gemeinschaft durch die Einhaltung des Zeitplans politische Entschlossenheit. Daneben ist aber viel wichtiger, daß durch den kleinen homogenen Teilnehmerkreis das Stabilitätsvertrauen in den Euro sehr hoch sein wird. Die Finanzpolitik hat gute Erfolgchancen, obwohl sie durch die teilweise sehr unterschiedlichen Ausgangsbedingungen der einzelnen Nationalstaaten, z. B. auf dem Arbeitsmarkt, sehr schwierig sein wird. Insgesamt wird eine solche Gemeinschaft jedoch sehr wettbewerbsbelebend sein und die Inflation niedrig halten können. Dazu kommen eine höhere europaweite Preistransparenz, ein höheres Maß an Wettbewerb und als Folge davon sinkende Preise.

„Starker“ Euro

Die zu einem hohen Prozentsatz exportorientierte deutsche Wirtschaft hat sich im Vorfeld schon langfristig große Märkte auf eine neue Art und Weise erschlossen und dadurch für alle weiteren Planungen ein höheres Maß an Sicherheit erlangt.

Eine kleine Startergruppe zum 01. Januar 1999 widerspricht auf keinen Fall der Maastrichter Idee. Das Vertragswerk sieht im Gegenteil sogar ausdrücklich ein Europa der zwei Geschwindigkeiten vor. Die Auswirkungen eines kleinen, vielleicht sogar zu kleinen, Startfeldes sind aber auch darin zu sehen, daß viele der im Vorfeld propagierten ökonomischen Vorteile nur in geringem Umfang wirksam werden. So minimieren sich die Chancen auf eine ausführliche Vertiefung der Handelsbeziehungen und damit auch die Chancen auf eine Ausdehnung der Investitionstätigkeiten in entsprechend großem Stil. Damit gehen natürlich auch die Wachstumschancen entscheidend zurück, und dies wirkt sich letztlich auch auf die Beschäftigtensituation in der Art und Weise aus, daß der erhoffte Schub nicht die gewünschte Dynamik aufweisen wird.

4.2 Szenario B: Das „weiche“ Europa

Konzept

Die EWWU startet am 01. Januar 1999 mit einem Teilnehmerkreis, der aufgrund politischer Entscheidungen auch Länder enthält, die nicht die Konvergenzkriterien erfüllen.

Konsequenz

Es kommt zu einer Vermischung der unterschiedlichsten Wirtschaften und einem Anstieg der Inflation und damit einhergend zu hohen Realzinsen (definiert als positive Differenz zwischen Nominalzins und Inflationsrate).

Analyse des Szenarios

Viele Europäer, die Angst vor der Wirtschafts- und Währungsunion haben, fürchten sich eigentlich vor diesem Szenario. Die zahlreichen wirtschaftlich schwachen Länder belasten die Entwicklung der übrigen Staaten und sorgen so dafür, daß die EWU nicht die gewünschten Effekte erzielt. Durch die Stabilisierung der ehemals schwachen Währungsgebiete verbraucht die Union einen Großteil ihrer Wirtschaftskraft und kann sich nicht mehr auf die eigentlichen Aufgaben konzentrieren. Die südeuropäischen Länder wünschen sich möglichst bald eine einheitliche Europawährung, da sie stärker und stabiler sein wird als die jeweilige momentane Landeswährung.

Kommt es zu diesem Szenario, wird bei einigen Ländern stark gegen die Konvergenzkriterien verstoßen, und es darf ernsthaft daran gezweifelt werden, ob das Gesamtprojekt dann noch gelingen kann.

4.3 Szenario C: Die EWWU wird zeitlich verschoben

Konzept

Auf einer der Nachfolgekonferenzen wird mehrheitlich die Verschiebung beschlossen.

Konsequenz

Ein späterer Starttermin soll mehr Ländern die Möglichkeit eröffnen, die Konvergenzkriterien zu erfüllen. So soll die Zweiteilung Europas vermieden werden.

Analyse des Szenarios

Die innenpolitischen Spannungen in den EU-Mitgliedsländern sind zur Zeit teilweise sehr hoch, und wichtige Bereiche wie Wirtschafts-, Finanz- oder Steuerpolitik werden ganz unterschiedlich gehandhabt. In einigen Ländern ist sogar noch mit einem weiteren Anstieg der Diskussion über die verschiedenen Strategien zur rechtzeitigen Erreichung der Konvergenzfähigkeit zu rechnen, während andere Länder diese unterschiedlich definiert und interpretiert wissen wollen. Kommt es nicht bald zu einer einheitlichen Aussage, dann gewinnt dieses Szenario an Wahrscheinlichkeit und der seit langem bekannte Zeitplan wird um einige Jahre verschoben.

Diese Entwicklung wird in verschiedenen Ländern dazu führen, daß die Konvergenz- und somit die Stabilitätsbemühungen an Dynamik verlieren und in diesem Sog die Inflation und die Zinsen wieder steigen. Der Weg ist sehr einfach, birgt aber auch einige Risiken. Spüren die EU-Bürger heute bereits deutlich ein hohes Maß an Unsicherheit, so wird sich dieses mit der Verschiebung noch erhöhen. Je weiter der neue Termin in die Zukunft verlagert wird, desto größer wird die Unsicherheit.

Diese Unsicherheit ist aber nicht nur ein Problem des europäischen Bürgers. Auch die Europakonjunktur wird aufgrund der vielen Unbekannten in der Gleichung Schaden an dieser Entwicklung nehmen. Verstärkt wird diese Unsicherheit dann, wenn als Starttermin ein Zeitpunkt fesgelegt wird, der in eine Phase der starken europakonjunkturellen Abkühlung fällt. Dann müssen die EU-Bürger einerseits die auftretenden Herausforderungen der neuen Eurowährung kompensieren und andererseits gleichzeitig gegen das Nachlassen der Konjunktur ankämpfen. In diesem Fall wird die europäische Zusammenarbeit Schaden nehmen, denn die eigentlich unabhängig arbeitenden Nationalvertreter in den einzelnen EU-Organen können dann nicht anders, als die jeweiligen Landesinteressen in den einzelnen Gremien stärker zu berücksichtigen. Fällt also aufgrund einer zeitlichen Verschiebung der Übergang zur dritten Stufe in eine Rezessionsphase, so vermehren sich die Probleme deutlich und es ist nicht gesagt, daß der für den späteren Zeitpunkt aufgestellte Plan dann auch tatsächlich eingehalten wird oder ob nicht noch einmal verschoben wird. Ein solches Vorgehen wird auf lange Sicht zum völligen Scheitern der Währungsunion führen.

In jedem Fall führt eine Verschiebung des aktuellen Plans dazu, daß die Relationen der Währungen untereinander von den Finanzmärkten neu festgeschrieben werden. Der Anleger, der in der DM geblieben ist und seine Anlagen nicht weitergehenden Überlegungen zur Währungsunion unterworfen hat, ist dann der Gewinner. Zu den Verlierern wird derjenige gehören, der sein Geld in eine andere, vermeintlich sicherere Währung transferiert hat. Dort gibt es aktuell deutlich geringere Zinsen als in Deutschland (z. B. US-Dollar und Schweizer Franken). Gelder, die zuvor aus dem deutschen Markt abgezogen worden sind, werden zumindest teilweise wieder in die DM investiert, die wieder zur europäischen Leitwährung avancieren wird. Abwertungsgefährdet sind für diesen Fall die traditionellen Schwachwährungsländer in der EU.

Der Euro kommt zeitverzögert

Es darf bei der ganzen Diskussion um eine Verschiebung nicht vergessen werden, daß 1998 sowohl für Deutschland als auch Frankreich ein Wahljahr ist und die DM den 50. Geburtstag feiert. Somit ist der Starttermin 1999 ein hochgradiges Politikum. Außerdem finden im Herbst noch Wahlen in Italien statt und die Bürger Großbritanniens werden bis spätestens Mai 1997 an die Wahlurnen gerufen.

Beim momentanen Stand der Diskussion werden die Regierungen eine Verschiebung frühestens 1997 oder 1998 bekanntgeben. Bei einer solchen Vorgehensweise wird die Politik wahrscheinlich von entsprechenden Reaktionen der Finanzmärkte eingeholt werden, die diese Entwicklung dann schon in den Verschiebungen von Zinsen und Währungen antizipieren.

4.4 Szenario D: Die Währungsunion „fällt aus"

Konzept

Die Nationalstaaten beschließen, daß die EWWU ein schönes aber praxisfernes Modell ist, weil zahlreiche Staaten die Konvergenzkriterien auf absehbare Zeit nicht erreichen können und ein zu kleiner Starterkreis keinen Sinn macht.

Konsequenz

Das gesamte Vorhaben wird abgebrochen, ohne einen neuen Starttermin zu nennen oder alternative Vorgehensweisen zu beschließen.

Analyse des Szenarios

Die Anhänger dieses Szenarios schließen sich, oftmals ohne es zu wissen, grundlegenden Aussagen des amerikanischen Nobelpreisträgers James M. Buchanan an, der bereits kurze Zeit nach Bekanntgabe des Vertrages von Maastricht äußerte, daß die Abschaffung solch vertrauens- und stabilitätsfördernder Institutionen, wie sie die Deutsche Bundesbank darstellt, für das Verhältnis vom Staat zu seinen Bürgern gravierende Folgen haben kann.

Dem kann man sich vorbehaltlos anschließen. Solche Folgen *können*, müssen aber nicht auftreten. Die Argumentationsketten der Anhänger dieser Variante laufen oftmals über die emotionale Ebene und sprechen die Angst der Zuhörer an. Nun hat die Vergangenheit oftmals gezeigt, daß Angst ein schlechter Ratgeber ist. Eine langanhaltende öffentliche Diskussion um ein finanzpolitisches europaweites Chaos durch die Einführung der EWWU ist kontraproduktiv, und in diesem Zusammenhang muß ausdrücklich darauf hingewiesen werden, daß die Umstellung auf den Euro keine unmittelbare Vermögensvernichtung im Sinne der Währungsreformen von 1923 und/oder 1948 darstellt.

Diesen fadenscheinigen Argumenten kann man entgegenhalten, daß bei der Planung der Europäischen Zentralbank das Modell der Deutschen Bundesbank Pate gestanden hat und die EZB die unabhängigste Notenbank der Welt sein würde.

Der Euro fällt aus

Besonders tragisch ist dieses Szenario für die Länder, die die Stabilitätskriterien nicht erfüllen können. Sie werden weitere deutliche Zinsunterschiede zu deutschen Anleihen hinnehmen müssen, d. h.: es kommt vor Ort zu entsprechenden Kursabschlägen und auch die Landesvaluta wird starken Abwertungen unterliegen. Das aktuelle Niveau wird dann lange Zeit nicht mehr erreichbar sein. Das internationale „ökonomische Standing“ der Länder ist dann auf lange Zeit ausgehöhlt. Die Konvergenzbemühungen in diesen Ländern lassen stark nach, weil die Perspektive und somit der Anreiz fehlt. Durch hohe Volatilitäten an den Devisenmärkten wird genau das Gegenteil von dem bewirkt, was man erreichen wollte. So wird der innereuropäische Handel eingeschränkt und zahlreiche EU-Vorhaben werden neu und kritisch überdacht.

Die DM behält die Führungsrolle im EWS, und es kommt wieder zu verstärkten DM-Anlagen. Die daraus resultierende verstärkte Nachfrage wird die DM aufwerten, was die heimische Exportwirtschaft belastet.

Gegen die Szenarien C und D spricht ebenfalls, daß es sich bei dem zugrundeliegenden Vertrag um ein demokratisches Werk handelt. Es steht rechtlich auf sicheren Füßen und ist von den höchsten Gerichten als verfassungsgemäß anerkannt worden. Dieser völkerrechtlich bindende Vertrag räumt Europa nicht nur das Recht auf Umsetzung ein, sondern verbindet damit vielmehr auch die Pflicht auf Realisierung der EWWU. Ein Nichteinhalten des Vertrages ist international nicht zu rechtfertigen und wird Europa in eine Ecke der unberechenbaren politischen Einheiten drängen.

Aus diesem Grund wird in Kapitel 6, in dem die einzelnen Geldanlageformen vor dem Hintergrund der zuvor aufgezeigten Szenarien auf Ihre Erfolgsaussichten hin geprüft werden, nicht näher auf diese Möglichkeit eingegangen.

5. Grundüberlegungen zur Geldanlage

Seriösen Schätzungen zufolge beträgt das deutsche Geldvermögen zwischen 4 und 5 Billionen DM, weitere 3 Billionen sind in deutsche Rentenwerte und immerhin noch eine halbe Billion in Aktien investiert.

Allein aus den deutschen Zahlen ist schon ersichtlich, daß die Währungsunion gelingen muß, wenn nicht ein ökonomisches Desaster entstehen soll. Unter zusätzlicher Berücksichtigung des europaweit existierenden Geldvermögens und den noch zu erwartenden politischen und ökonomischen Unruhen im Vorfeld der EWWU ist mit enormen Turbulenzen an den Kapital- und Devisenmärkten zu rechnen. Vor diesem Hintergrund sind die Politiker besonders stark in die Pflicht genommen.

Für die meisten Anlageformen ist wichtig zu wissen, daß in einer Generalklausel des für 1998 geplanten Konversionsgesetzes geregelt ist, daß die Umstellungen der Guthaben- und Schuldbeträge automatisch vorgenommen wird und individuelle Absprachen zwischen den Vertragspartnern nicht notwendig sind. Wird also beispielsweise der Wert des Euro auf 1,80 DM festgelegt, so hat ein Sparer, der ursprünglich 1 800 DM auf dem Konto hatte nach der Umstellung 1 000 Euro. Auf die gleiche Art und Weise geht man bei der Umstellung von Schuldverhältnissen vor. Genaue Rundungsregeln werden dieses Gesamtwerk ergänzen. Rundungen gemäß des derzeit praktizierten Devisenhandels mit vier Stellen nach dem Komma haben sich bewährt und machen Sinn.

Für eine Übergangszeit soll es dem Schuldner freigestellt sein, ob er in nationaler Währung oder Euro leistet. Dem Gläubiger einer Forderung muß der Ausgang dieser Wahl egal sein, denn der Euro und die nationale Denomination der Europawährung entsprechen sich. Einzig für die Kreditinstitute bringt dieses Wahlrecht ein weiteres technisches Problem mit sich, da gleiche Forderungen eventuell in zwei Währungen ausgedrückt werden müssen.

6. Die richtige Geldanlage vor dem Hintergrund der Szenarien

Es gibt zahlreiche Möglichkeiten für die Geldanlage. Um die Thematik besser strukturiert zu bekommen, ist dieses Kapitel in vier große Themenkomplexe unterteilt:

- „klassische“ Geldwerte (Sparpläne etc.)
- Aktien
- Edelmetalle und Diamanten
- sonstiges (Versicherungen, Rentenzahlungen, Kredite)

Normalerweise zählt man auch Immobilien zu den Sachwerten. Dieser Themenblock ist jedoch so ausführlich, daß ihm ein eigenes Kapitel (Kapitel 7) gewidmet ist.

6.1 Klassische Geldwerte

6.1.1 Sparguthaben

Bei dieser Anlageform sind keine großen Veränderungen zu erwarten. Die Guthaben werden einfach in den Euro umgerechnet und alle anderen Vereinbarungen, wie z. B. Zinsen oder Bonusabsprachen, bleiben.

Diese Regelungen gelten unabhängig davon, ob es sich um ein Sparkonto mit Dreimonatskündigung oder einen langfristigen Sparvertrag handelt.

Szenario A

Kommt der Euro als Hartwährung, gibt es für den Sparer keinen Grund, sein Guthaben in andere Anlageformen oder Währungen umzuschichten. Das Sparguthaben wird nach der Umstellung einen ähnlichen Wert haben wie heute.

Szenario B

Ein weicher Euro führt de facto zu einer Geldentwertung, denn die heute harte DM wird gegen eine weiche Währung mit geringerer Kaufkraft ausgetauscht. Als Folge der großen Währungsvermengung kommt es zu steigenden Zinsen. Ob und in welchem Ausmaß dieses erhöhte Zinsniveau an Sparkonten mit Dreimonatskündigung weitergegeben wird, ist heute nicht absehbar. Laufende Sparverträge bleiben von der Zinsänderung im Regelfall unberührt, weil die Verzinsung unveränderbarer Vertragsbestandteil ist und während der Restlaufzeit nicht neu verhandelt werden kann. In Erwartung dieses Szenarios soll man heute mit dem Abschluß langlaufender Sparverträge warten.

Szenario C

Wird die Fortsetzung des europäischen Vereinigungsprozesses verschoben, ist die DM einer der Profiteure dieser Entwicklung. Von daher gibt es für vorhandenes Sparguthaben keine Gefahr und folglich auch keinen Handlungsbedarf zum heutigen Zeitpunkt. Man kann bedenkenlos mittel- oder auch langfristige Sparverträge abschließen.

6.1.2 Festverzinsliche DM-Anleihen

Unabhängig vom Szenario wird es in Zukunft das deutsche Verankerungsprinzip nicht mehr geben. Dieses Prinzip besagt, daß nur in Deutschland ansässige Institute die Ausgabe von auf DM lautenden Anleihen organisieren und durchführen dürfen. Dieses Privileg wird zukünftig entfallen, so daß hier ein verstärkter Wettbewerb zugunsten des Anlegers aufkommt.

Szenario A

Es ist nur ein geringfügiger Zinsanstieg zu erwarten, weil die meisten Kandidaten für dieses Szenario schon sehr ähnliche langfristige Kapitalmarktzinsen aufweisen. Ein nachhaltiger Anstieg um mehr als 0,5 oder 0,75 Prozentpunkte ist unwahrscheinlich. Hält man sich vor Augen, daß es im Rahmen der deutschen Wiedervereinigung lediglich zu einem Renditeanstieg um 1 Prozentpunkt gekommen ist, relativiert das die Aussagen zur EWWU schon ganz erheblich.

Für den Anleger gibt es keinen Grund aus der DM auszusteigen. Ein harter Euro wird von den Märkten sehr positiv eingeschätzt werden und dazu führen, daß in diesem Umfeld auch wieder investiert wird.

Doch auch nach der Umstellung auf eine harte Europawährung wird es weiterhin noch Renditeunterschiede zwischen den verschiedenen öffentlichen Schuldnern geben. Gründe dafür liegen in der Liquidität und Marktgröße der Titel, aber auch in der unterschiedlichen Bonität. Desweiteren können emittentenspezifische steuerliche Besonderheiten zu einer unterschiedlichen Rendite führen.

Szenario B

Das weiche Euroszenario ist für den DM-orientierten Anleger denkbar schlecht und es ist der rechtzeitige Ausstieg aus den längeren Laufzeiten zu empfehlen. Eine ideale Parkmöglichkeit bietet die große Palette kurzfristiger Produkte, z. B. Festgeld, Geldmarktfonds oder Floateranlagen.

Szenario C

Kommt es zu einer zeitlichen Verschiebung der Währungsunion, so sind die DM-Besitzer die Gewinner der Entwicklung. Der Mark fällt wieder die „Schutzhafen"-Funktion zu. Zuvor abgezogenes Geld fließt wieder nach Deutschland zurück und wird hier investiert. Papiere mit langen Restlaufzeiten werden von einer solchen Entwicklung profitieren.

In diesem Szenario sind aus heutiger Sicht Bundesschatzbriefe eine gute Alternative, da sie nach einem Jahr in monatlichen Abschnitten zu 10 000 DM pro Gläubiger veräußert werden können. Steht eine Veräußerung nicht zur Diskussion, so erhöht sich der Nominalzinssatz der Anlage automatisch von Jahr zu Jahr.

6.1.3 Währungsanlagen

Die Überlegung, welches Szenario als wahrscheinlich erachtet wird, ist für die Selektion der Anlagewährung und der damit einhergehenden strategischen Depotausrichtung ganz entscheidend.

Geldanlagen in europäischen Hartwährungen

Szenario A

Der Investor, der ein solches Szenario erwartet und spekulativ eingestellt ist, kann höherverzinsliche Währungen des harten EWWU-Blocks erwerben. Bei diesen Schuldnern ist das Zins- und Währungsrisiko begrenzt. Dabei gilt die Faustregel: Je geringer die Chance auf eine Teilnahme zum Starttermin und je länger die Laufzeit der ausgewählten Anleihe ist, desto größer sind die damit verbundenen Chancen und Risiken.

Die einzige Unsicherheit in diesem Szenario kommt kurz vor Bekanntgabe der Teilnehmerländer auf. Danach wird das Zinsniveau wieder nahezu auf dem vorherigen Level sein. Von daher ist es bei einer moderat steigenden Zinsstrukturkurve nicht ratsam, in festverzinsliche Wertpapiere mit kurzen Restlaufzeiten zu investieren.

Szenario B

Die harten europäischen Währungen verlieren in diesem Szenario an Wert und eine entsprechende Anlage in diesen Papieren ist nicht zu empfehlen.

Szenario C

Neben der DM profitieren auch die übrigen Hartwährungsländer von einer Verschiebung, wenn auch keine andere europäische Währung so viel Anlegervertrauen genießt wie die DM. Trotzdem macht der Erwerb europäischer Hartwährungsanleihen Sinn, denn dort werden geringfügig höhere Renditen erzielt als in Deutschland.

Es können auch ruhig mittel- bis langfristige Engagements aufgebaut werden, wobei immer zu beobachten ist, wann die EWU tatsächlich starten soll.

Geldanlagen in europäischen Weichwährungen

Der Gedanke, in diesen Fremdwährungen zu investieren, beruht auf der einfachen Überlegung, daß sich der durchschnittliche Zinssatz des Euro unter dem momentanen Zinsniveau des jeweiligen Landes einpendeln wird.

Szenario A

Das harte Euro-Szenario unterstellt einen kleinen Beitrittskreis und schließt aus heutiger Sicht die sofortige Aufnahme relativer Hochzinsländer aus.

Der Kauf entsprechender Anleihen ist in Szenario A nicht ratsam, da die Länder, die nicht von Anfang dabei sind, noch einmal Abwertungspotential aufweisen. Neben dem Währungsverlust kommt dann vielleicht noch dazu, daß die Konvergenzbemühungen in den einzelnen Staaten nachlassen und in diesem Umfeld das jeweilige Zinsniveau wieder leicht ansteigt und die Anleihekurse fallen.

Festverzinsliche Papiere aus Weichwährungsländern können höchstens als spekulative Beimischung dienen, wenn der Anleger davon ausgeht, daß sich einzelne Länder schon bald nach der ersten Startergruppe für die EWWU nachqualifizieren können. Mit ersten Stabilisierungserfolgen und einer Annäherung an die Kriterien fallen die langfristigen Zinsen und der Anleger kann sowohl Währungs- als auch Kursgewinne verbuchen. Man muß aber noch einmal darauf hinweisen, daß es sich sicher hierbei nur um eine äußerst spekulative Alternative handelt, die untypisch für dieses Szenario ist.

Szenario B

Anleihen in Währungen bisheriger Hochzinsländer profitieren von diesem Szenario der weichen Europawährung. Die Staaten sind aufgrund politischer Entscheidung von Anfang an mit dabei.

Das Eurozinsniveau wird unter dem heutigen Zinslevel der überwiegend südeuropäischen Weichwährungsländer liegen. Als Folge daraus steigen die Anleihekurse dieser Länder an und auch die Währung wird eine entsprechende Aufwertung erfahren. Deshalb ist unter Annahme einer großen EWWU der Kauf von Währungsanleihen eine interessante Alternative.

Momentan weisen diese Papiere einen enormen Zinsvorteil gegenüber deutschen Bundespapieren auf (ca. 3,5 bis 4,5 %). Dabei kann man heute noch nicht absehen, bis auf welches Niveau die entsprechende Währung noch bis zur Umstellung fallen kann und somit die zuvor genannten Vorteile kompensiert, vielleicht sogar überkompensiert werden.

Stellt sich kurzfristig heraus, daß die Teilnahme einzelner Länder doch nicht oder nur zeitverzögert möglich ist, so wird die Abwertung der Devise und der Rückgang der Anleihenkurse enorm sein.

Szenario C

Die weichen europäischen Währungen haben mit Zinserhöhungen einerseits und Abwertungen andererseits zu kämpfen. Dabei werden die Konvergenzkriterien ein wichtiger Maßstab sein. Je weniger sie erreicht werden, desto heftiger fallen die Abwertungen aus. Entsprechend schlecht werden sich auch die Kurse für festverzinsliche Wertpapiere in den entsprechenden Währungen entwickeln. Es wird wieder Geld aus den Fremdwährungen in die DM transferiert.

Geldanlagen im ECU

In den frühen 80er Jahren wurde die ECU (European Currency Unit; englisch: europäische Währungseinheit) und Anleihen darauf als Vorläufer des europäischen Geldes angepriesen. Vereinzelte Warnhinweise der Bundesbank, daß die ECU zunächst nichts weiter als eine Recheneinheit bzw. Innovation am Kapitalmarkt sei, wurden kaum gehört.

Die ECU, die sich aus verschiedenen, unterschiedlich gewichteten, europäischen Währungen zusammensetzt, hat seit 1981 beträchtlich gegen die DM an Wert verloren. Dies ist zurückzuführen auf die zahlreichen Abwertungen der einzelnen Mitgliedswährungen. Ende 1981 notierte die ECU noch bei ca. 2,60 DM. Ende Dezember 1995 kostete die künstliche Devise nur noch ca. 1,85 DM.

Der Zinsvorsprung der ECU-Anleihen gegen DM-Anleihen ist nicht so groß, daß er diesen Währungsverlust kompensieren kann. Aktuell liegt er bei ca. 1 bis 1,5 Prozentpunkten. Betrachtet man einmal den Wechselkursverlust von ca. 30 % so wird klar, daß die positive Zinsdifferenz von 18 bis 20 % im Laufe der Jahre dies nicht ausgleichen konnte und deutsche ECU-Anleihenkäufer ein schlechtes Geschäft gemacht haben. Heute ist die ECU-Anleihe eine interessante Anlagealternative, da sie 70 bis 100 Basispunkte mehr Rendite als DM-Anleihen bietet. Die Umstellung von ECU auf Euro im Verhältnis 1 : 1 wird noch von juristischen Problemen begleitet werden, ist aber in den Maastrichter Verträgen vorgesehen. Nach dem aktuellen Diskussionsstand ist wohl zumin-

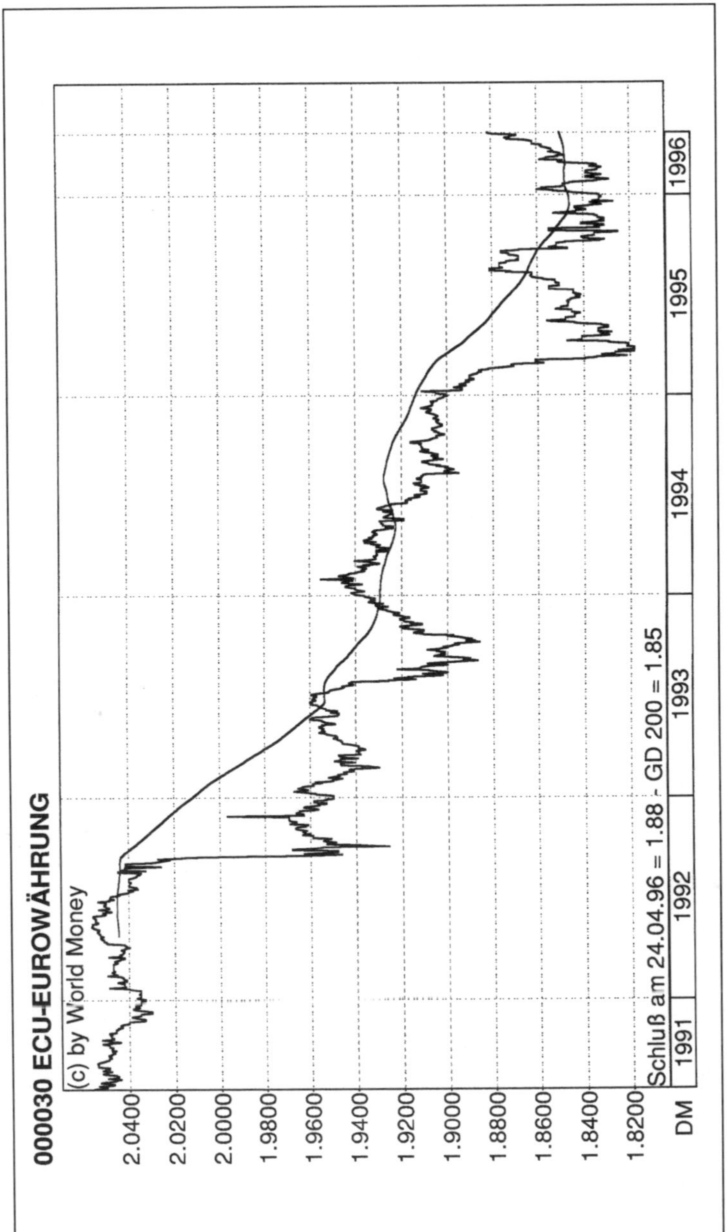

Abbildung 2: ECU-Chart

dest die Denomination von Emissionen der europäischen Institutionen problemlos.

In diesem Zusammenhang ist eine Emission aus Februar/März 1996 sehr interessant. Die Europäische Investitionsbank (EIB) begab eine ECU-Anleihe, deren Rückzahlung mit einer festen Währungsrelation zum Euro gekoppelt ist. Die Anleihe, die einen Nominalzins von 6 % aufweist und 2001 fällig ist, wird im Verhältnis 1 : 1 in Euro zurückgezahlt, wenn es zum Zeitpunkt der Fälligkeit schon die neue einheitliche europäische Währung gibt.

Anders sieht es da bei Emissionen privater Emittenten aus. Die Verzinsung der Anleihe orientiert sich an einer künstlichen (synthetischen) Rendite von gewichteten Durchschnittsverzinsungen der Korbwährungsnationen. Die Problematik ist klar, denn zu den Korbwährungen zählen auch griechische Drachmen und spanische Peseten. Es muß eine Regelung gefunden werden, ob und wann die Währungen gegen den Euro ausgetauscht werden.

Aus heutiger Sicht ist die Errichtung eines Währungskonto für die ECU sinnlos, denn mit dieser synthetischen Währung kann man nichts bezahlen, sieht man einmal von ECU-Anleihen ab.

Bis heute ist noch nicht geklärt, ob die ECU den Starttermin der EWWU überdauern wird oder ob ihre Existenz zu diesem Zeitpunkt beendet wird. Deshalb macht eine separate Betrachtung der einzelnen Szenarien heute noch keinen Sinn. Zuerst einmal müssen die Umstellungsregelungen der synthetischen Europawährung auf den Euro gefunden werden.

Geldanlagen im US-Dollar

Der US-Dollar ist von der Verzinsung her auf einem leicht erhöhten Niveau gegenüber der DM (bei leicht steigendem Trend).

Vom Wechselkurs her bietet er eine gute Perspektive, notiert er doch eher an historischen Tiefst- statt Höchstständen. Vielfach räumt man ihm noch gutes Entwicklungspotential ein. Dabei sollte man allerdings nicht allzu viel auf Berechnungen und Aussagen geben, die immer wieder die wirtschaftliche Kaufkraft des US-Dollar aufzeigen und darüber für einen Kursanstieg argumentieren. Die letzten Jahre haben gezeigt, daß gerade diese Währung sehr stark psychologisch und nicht ausschließlich anhand fundamentaler Wirtschaftsdaten gehandelt wird.

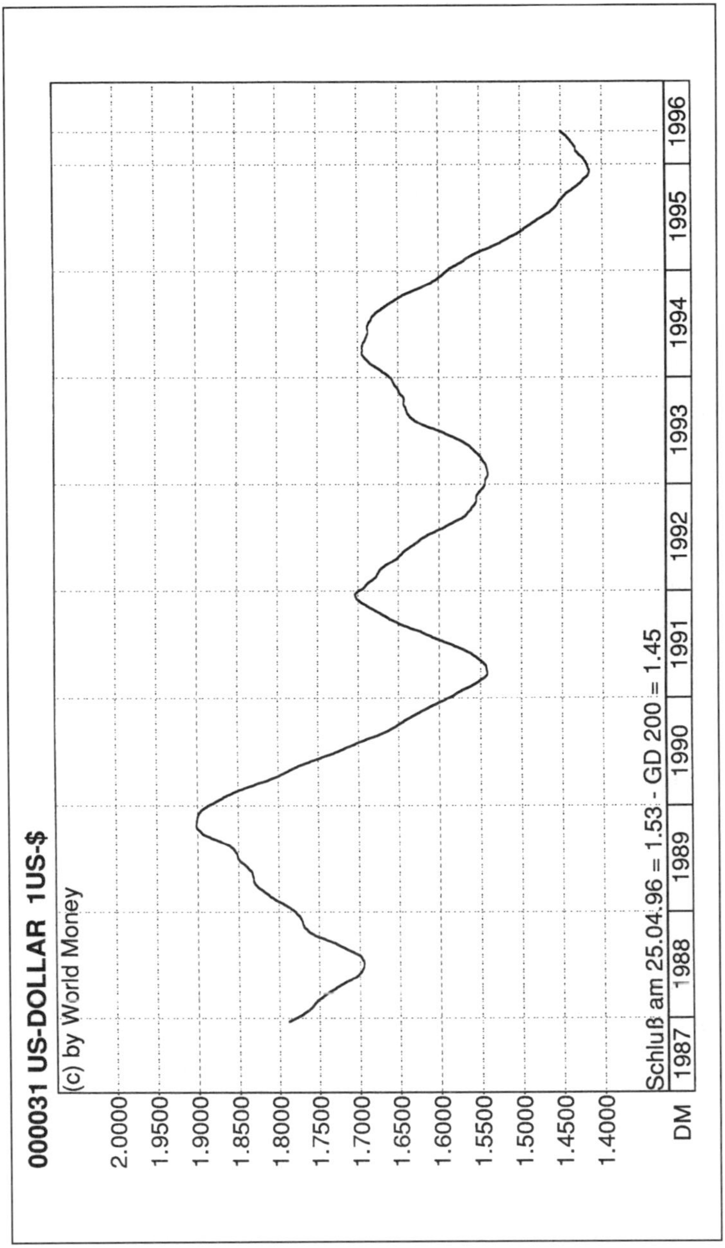

Abbildung 3: US-Dollar-Chart

Szenario A

Der harte Euro bringt für den deutschen Anleger, der in seiner Heimatwährung investiert ist, keine großen Änderungen. Von daher spricht in diesem Szenario aus Geldwertstabilitätsgründen nichts für einen Wechsel in die amerikanische Währung. Einzig der Gedanke auf eine Währungsspekulation kann der Grund für einen Währungstransfer sein. Diese Geschäftsart läßt sich aber über Optionsscheine viel besser darstellen.

Szenario B

Der US-Dollar ist eine gute Alternative, denn er könnte durch Nachfragesteigerungen oder aus dem Motiv der „Krisenwährung" heraus eine starke Aufwertung erfahren. Kursgewinne in Rentenwerten sind die logische Folge, da das Zinsniveau gedrückt wird.

Szenario C

Vergleichbar mit dem Szenario A ergibt sich durch die Verschiebung des Starttermins kein Handlungsbedarf, und der Anleger kann heute beruhigt in der DM bleiben. Nach einer späteren Festlegung der neuen Daten kann dann neu entschieden werden, ob in die US-Valuta getauscht werden soll oder nicht.

Geldanlagen im Schweizer Franken

Das kleine Nachbarland ist kein Mitglied der Europäischen Union. Damit entzieht sich der Schweizer Franken auch der Diskussion um den Euro und steht in einer isolierten Sonderstellung, die noch durch die volle Währungskonvertibilität, die währungspolitische Neutralität und das gesetzliche Bankgeheimnis untermauert wird. Dazu kommt die Gold- und Devisendeckung der Währung von mehr als 100 %, die allerdings zur Zeit stark in der Diskussion ist.

Ein solches Füllhorn hat natürlich auch seinen Preis. Auf der einen Seite ist die Verzinsung des Schweizer Franken traditionell sehr gering und der Wechselkurs steht auf recht hohem Niveau und ist in letzter Zeit verstärkt Diskussionsgegenstand. Die Aufwertung des Franken, verursacht durch eine enorme Nachfrage bei nur geringem Angebot, behindert massiv die Exportindustrie der Schweiz, die bisher stets ein Hauptträger

Der Schweizer

der Konjunktur gewesen ist. Die Unterstützung kann nicht aus dem privaten Konsum kommen, der immerhin 55 bis 60 % des Bruttoinlandsproduktes ausmacht. Doch hier blockieren hohe Arbeitslosigkeit und allgemein geringe Lohnzuwächse eine weitere Zunahme.

Dazu kommt, daß über den Eidgenossen das Damoklesschwert der öffentlichen Verschuldung schwebt. Mit Werten von ca. 4,5 % 1994 und 3,5 % 1995 hätten auch die stets als vorbildlich geltenden Schweizer ein Konvergenzkriterium nicht erfüllt. Die geplante Senkung des Defizits ist löblich, allein der Erfolg bleibt abzuwarten. Wird der Defizitabbau allerdings wie geplant durchgezogen, wird es andererseits kaum zu einer Konjunkturbelebung durch gestiegene Nachfragedynamik kommen.

Festverzinsliche Wertpapiere sind kritisch zu beobachten, denn das Volumen des eidgenössischen Rentenmarktes umfaßt nur den Bruchteil des deutschen Marktes. Dazu machen die niedrigen Renditen eine Anlage unattraktiv.

Stimmen, die die Schweiz zur Aufgabe der Sonderstellung und Integration in die Europäische Union überreden wollen, haben keine Chance, in der Alpenrepublik ernsthaft Gehör zu finden.

Der Schweizer Franken wird nie die Rolle einer Weltreservewährung übernehmen können. Dazu ist die Schweiz mit ihrer Währung einfach zu klein. Sollte darüber hinaus das Vertrauen in die neue Eurowährung sehr schnell wachsen, ist mit starken Rückschlägen im Frankenkurs zu rechnen. Viele Spekulanten kaufen den Franken als „Safe-Haven-Währung". Nach der Kaufkraftparität darf ein Schweizer Franken aktuell ca. 1,15 DM kosten. Nach aktuellen Analysen stellt die Alpendevise auf dem jetzigen Bewertungsniveau die teuerste Devise der Welt dar.

Bei einer Währungsanlage entscheidet neben der Zinsdifferenz auch die Währungsentwicklung über das Gesamtergebnis. Von daher ist es aus heutiger Sicht fraglich, ob sich auf diesem hohen Frankenniveau ein Einstieg überhaupt noch lohnt, wo doch auch schon das Zinsniveau recht niedrig ist. Die Schweizer Zentralbank wird einen auf Dauer um die 1,30 DM notierenden Schweizer Franken nicht akzeptieren können und von daher ist auch die Einführung eines „Strafzinses" für ausländische Geldanleger nicht auszuschließen.

Solche Maßnahmen klingen zunächst einmal unglaublich, sind aber in der Schweiz 1973 im Rahmen der Ölkrise bereits einmal mit Erfolg durchgeführt worden. Für die getätigten Anlagen mußten Ausländer seinerzeit noch Zinsen zahlen. Aus heutiger Sicht wird es aber sehr schwer werden, dieses Verfahren zu wiederholen. Zu groß sind die Umgehungsmöglichkeiten, die gerade verstärkt durch die neuen Finanzinnovationen am Markt existieren.

Am Euromarkt sind in der letzten Zeit in großem Umfang Frankenanleihen begeben worden, um auf diese Art und Weise den Nachfragedruck zumindest teilweise abfedern zu können. Für eine Anlage in Schweizer Franken gibt es aktuell bei einer Laufzeit von zehn Jahren nur knapp mehr als 4 %. Neben dieser Minimalverzinsung wird die Währung noch durch die teilweise sehr hohen Bankgebühren und hohen Mindestauftragsgrößen belastet.

Szenario A

Rechnet der Anleger mit einer festen europäischen Währung, gibt es keinen Grund für eine Anlage im Franken. Aufgrund der Abwertungsgefahr der Währung ist sogar ausdrücklich davon abzuraten.

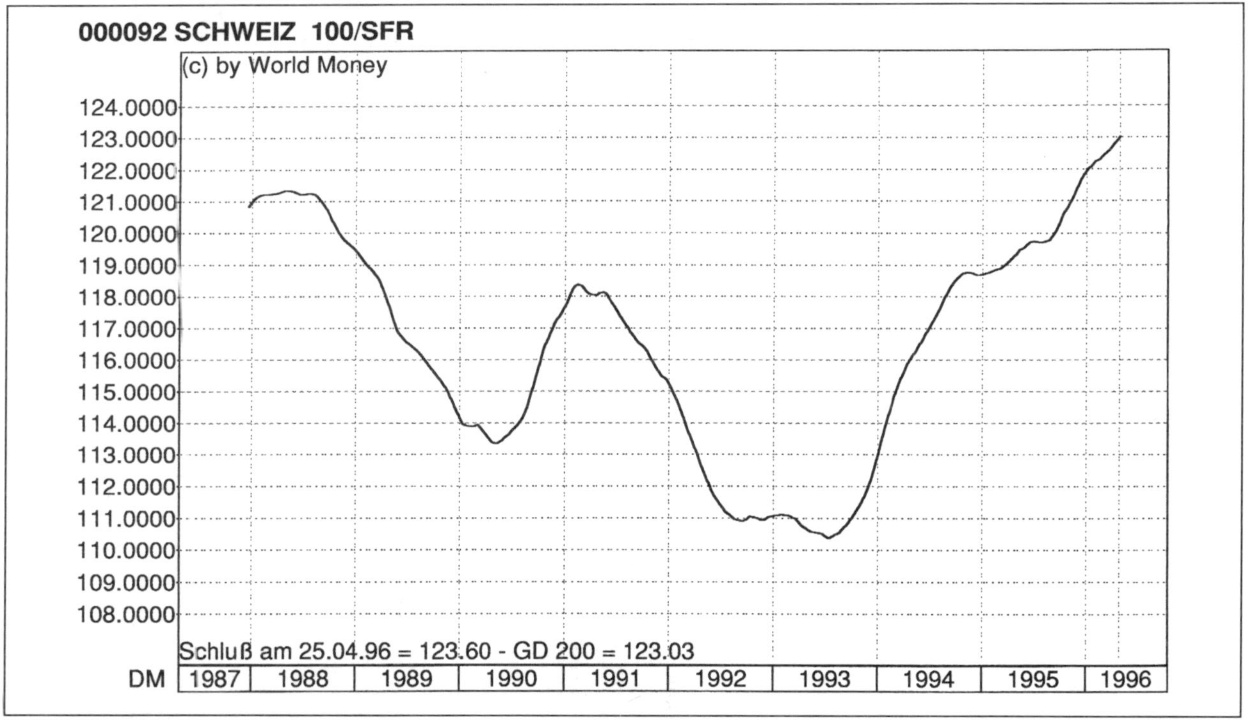

Abbildung 4: Schweizer-Franken-Chart

Szenario B

Der Schweizer Franken kann in diesem Umfeld noch eine moderate Aufwertung erfahren. Damit gehen normalerweise Kursgewinne in den entsprechenden Rentenwerten einher, da das Zinsniveau vor Ort entsprechend gedrückt wird. Die Chancen dafür sind aber eher begrenzt.

Szenario C

Verschiebt sich der Start zur dritten Stufe der EWWU, so wird die DM davon profitieren und es wird dann wieder Geld aus der Schweiz nach Deutschland zurückfließen. Diese Entwicklung setzt den Franken zusätzlich unter Druck und die bisher aufgelaufenen Währungsgewinne werden wieder abschmilzen.

6.1.4 Variabel verzinsiche DM-Anleihen

Variabel verzinsliche Anleihen (englisch: floating-rate-notes oder kurz: floater; FRNs) zeichnen sich dadurch aus, daß ihre Verzinsung in regelmäßigen Abständen dem aktuellen Zinsniveau angepaßt wird. Grundlage für die Zinsanpassung ist normalerweise der Geldmarkt, weshalb FRNs auch häufig als Alternative zum traditionellen Festgeld oder zu Geldmarktfonds gesehen werden.

Die variabel verzinsliche Anleihe hat fast die gleichen Ausstattungsmerkmale wie eine normalverzinsliche Anleihe, d. h. eine feste Laufzeit, feste Zinszahlungstermine etc. Darüber hinaus wird festgelegt, ob beispielsweise viertel- oder halbjährlich der Zinssatz dem dann gültigen Geldmarktniveau angepaßt wird. Üblicherweise wird von diesem Geldmarktlevel ein geringer Abschlag gerechnet. Die dann verbleibende Verzinsung erhält der Anleger für die nächste Zinsperiode. Durch die regelmäßige Zinsanpassung hat der Floater nur ein äußerst geringes Kursrisiko, da spätestens zum nächsten Anpassungstermin der Kurs wieder bei +/– 100 % steht. Dabei sind FRNs täglich veräußerbar und stellen somit eine äußerst liquide Alternative dar. Gerade in Zeiten steigender Zinsen findet man den Floater häufig auf Empfehlungslisten der Kreditinstitute. Ein weiterer Vorteil des Floaters ist, daß die teilweise aufwendigen Verhandlungen mit den Kreditinstituten bezüglich des Zinssatzes entfallen, denn das Produkt wird stets aktuell verzinst.

Floater, deren Verzinsung mit Auf- oder Abschlägen im Vergleich zum Referenzzins ausgestattet sind, fallen in die Gruppe der sogenannte Finanzinnovationen. Sie unterliegen deshalb der Pauschalbesteuerung. Von besonderer Bedeutung ist dies bei Depotübertragungen.

Szenario A

Im Rahmen dieser Erwartung ist es nicht ratsam, heute Gelder aus anderen Anlageformen abzuziehen und in den Floater zu investieren. Das Zinsniveau wird sich nur geringfügig ändern, und der Anleger gibt unter Umständen eine bessere Verzinsung ab.

Szenario B

Der Floater stellt vor dem Hintergrund dieses Szenarios eine gute und attraktive Alternative dar. Kommt es zu kurzfristigen Zinsschwankungen an den Märkten, so hat der Anleger ein Produkt, was sich schnell anpaßt und was er im Zweifelsfall ohne nennenswerten Kursverlust und äußerst kurzfristig liquidieren kann.

Szenario C

Durch die aufkommende Unsicherheit bei Verschiebung der Währungsunion kommt es auch in diesem Szenario zu Marktturbulenzen, die ein temporär steigendes Zinsniveau zur Folge haben. Der Floater ist auch für diesen Fall eine interessante Alternative.

6.1.5 Tafelgeschäfte

Die Umstellung auf den Euro wird bei Tafelgeschäften problematisch sein. Zum Zeitpunkt des letztmöglichen Übergangs zum Euro wird der Inhaber solcher Wertpapiere einen Umtausch von Wertpapiermantel (das ist die eigentliche Urkunde) und dem anhängenden Bogen (Zins-, Dividenden- oder Erträgsnisscheinen) vornehmen müssen. Die damit verbundenen Kosten werden voraussichtlich nach dem Verursacherprinzip an ihn weitergegeben. Der Zeitpunkt des letztmöglichen Übergangs zum Euro ist heute noch nicht fest definiert, weil noch nicht einmal klar ist, welches Szenario kommen wird. Es muß geklärt werden, ob es für den Umtausch Fristen geben wird, die unbedingt eingehalten werden müssen, bzw. was bei Nichteinhaltung der Fristen passiert.

Für die Übergangszeit bis zur letztendlichen Klärung der Vorgehensweise, scheinen Zero-Bonds eine günstige Form des Tafelgeschäfts zu sein, da bei diesen Wertpapieren Zinszahlung zzgl. Tilgung einmalig am Laufzeitende erfolgt und somit der Verwaltungsaufwand minimiert ist. Problematisch ist jedoch die steuerliche Behandlung der Papiere.

Darüber hinaus sind thesaurierende Fonds interessant, da es bei diesen Wertpapieren nicht zu Ausschüttungen während der Laufzeit kommt. Somit entfallen auch hierbei die lästigen Überwachungspflichten. Steuerlich werden die Papiere so behandelt, daß bei einer Depotverbuchung ein mindestens 30%iger Zinsabschlag, bei der Eigenverwahrung sogar ein 35%iger Zinsabschlag berechnet wird. Dieser Zinsabschlag versteht sich selbstverständlich nur als eine Vorauszahlung auf die Einkommensteuer. Die höhere Zinsabschlagsteuer in der Eigenverwahrung macht Tafelgeschäfte weitestgehend steuerlich unattraktiv.

Szenarien A und B

Anleger, die noch Tafelgeschäfte mit einer Endlaufzeit bis maximal 01. Juli 2002 besitzen, haben durch die Einführung des Euro noch keinen Handlungszwang. Bis zu diesem Datum ist die DM weiterhin gesetzliches Zahlungsmittel. Geht die Endfälligkeit über diesen Termin hinaus, muß sich der Anleger schon frühzeitig Gedanken um einen Umtausch der Papiere, beispielsweise in thesaurierende Fonds etc., machen.

Szenario C

Für Inhaber von Tafelpapieren ist die Verschiebung der dritten Stufe der EWWU ideal, weil so keinerlei Handlungszwang aufkommt. Er kann beruhigt die Bekanntgabe eines neuen Starttermins abwarten und dann erneut prüfen, ob das Wertpapier vorher fällig wird. Bei Bedarf kann die Anlage umstrukturiert werden.

6.1.6 Investmentfondsanteile

Auch bei den Investmentfondsanteilen besteht die grundlegende Änderung zunächst einmal darin, daß die Kurse durch die Währungsumstellung mathematisch geändert werden.

Investmentfonds sind sogenannte Kapitalsammelstellen, die Gelder von Anlegern einsammeln und zentral verwalten. Dabei kann der Anleger über die Auswahl des Investmentfonds vorgeben, in welche Objekte investiert wird. Es gibt reine Aktien-, Renten- oder auch Immobilienfonds (siehe auch Kapitel 7.2.2 – Offene Immobilienfonds). Weitere Unterscheidungen der Fonds finden sich in den regionalen Schwerpunkten. So gibt es beispielsweise Aktienfonds, die nur in Deutschland investieren. Andere erwerben europaweit Aktien, und wieder andere Fonds dürfen weltweit Aktien kaufen. Das gleiche Unterscheidungskriterium gilt selbstverständlich auch für Renten- oder Immobilienfonds.

Die speziellen Aussichten eines Renten- oder Aktienfonds sind identisch mit den Chancen und Risiken der Direktanlage und werden daher nicht noch einmal ausführlich erläutert.

6.2 Edelmetalle und Diamanten

6.2.1 Gold

Kaum ein anderes Thema ist in den letzten Wochen und Monaten so oft diskutiert worden wie die Preisentwicklung des Goldes.

Ein Kernpunkt in allen Überlegungen muß der Gedanke sein, ob der Euro das gleiche Vertrauen genießen wird wie die DM.

Bei näherer Betrachtung ist jedoch klar, daß für den künftigen Preistrend der Edelmetallmärkte im allgemeinen die Frage nach der Zukunft der europäischen Valuta zunächst einmal von nachrangiger Bedeutung ist.

Dies ist auch einleuchtend, denn Gold, Silber oder auch Platin werden nicht hauptsächlich an den europäischen Märkten gehandelt, sondern die Edelmetallmärkte sind international eng miteinander verflochten und fakturieren überwiegend in US-Dollar.

Für den aus Deutschland heraus operierenden goldinteressierten Anleger bedeutet dies, daß er eine duale Betrachtung bei einer Investition in Gold oder andere Edelmetalle vornehmen muß. Für das richtige Timing beim Einstieg ist es wichtig, den Trend des jeweiligen Handelsgutes möglichst früh zu erkennen und exakt zu prognostizieren. Außerdem kommt noch die Überlegung hinzu, wie sich der Euro zur Haupthandelswährung, dem US-Dollar, entwickeln wird. Schließlich hilft es dem Anleger wenig, wenn ein Zuwachs im Metallpreis durch einen Währungsverlust ausgeglichen wird.

Aktuell scheint ein Goldkauf zumindest aus der Währungsbetrachtung nicht besonders problematisch, denn der US-Dollar ist in seiner momentanen Bandbreite von ca. 1,40 bis 1,50 DM immer noch auf einem historisch sehr niedrigen Niveau, wenn auch einige Pfennige über den absoluten Tiefstnotierungen. Er sollte aber davon profitieren, daß, unabhängig vom Szenario, weitere Unsicherheiten an den Märkten auftreten werden und einige Anleger wieder den US-Dollar als Fluchtwährung präferieren und somit durch die US-Dollarnachfrage den Wechselkurs stützen werden.

Die Entwicklung des Goldpreises selber in den letzten Wochen und Monaten war sehr interessant.

- In den frühen Februarwochen 1996 ist die Notierung erstmals seit langer Zeit wieder über die Marke von 400 US-Dollar je Feinunze (31,1 Gramm) gestiegen. Seit Anfang 1970 stieg das Gold von damals ca. 50 US-Dollar auf zunächst ca. 650 US-Dollar 1980 an. Dann halbierte sich der Preis sehr schnell wieder und hat seitdem Mühe, die Marke von 400 US-Dollar je Unze nachhaltig zu durchstoßen. Zuletzt stieg der Goldpreis 1990 über diese Marke. Der rasche Anstieg beruhte auf Inflationssorgen im Zusammenhang mit dem Einmarsch irakischer Truppen in Kuwait. In den letzten Jahren galt die Bandbreite von 340 bis 380 US-Dollar je Unze als gesichert. Wie kam es zum starken Anstieg Anfang 1996, und wie nachhaltig kann er sein?

- Zunächst zu den Gründen. Die Anlagealternativen im Bereich der festverzinslichen Wertpapiere sind so schlecht wie lange nicht mehr. Diese geringen Zinsen sorgen dafür, daß das Edelmetall kaum noch über den Terminhandel veräußert wird, weil der Terminpreis kaum noch über dem Tagespreis liegt. Das bedeutet, daß der Verkauf per Termin kaum Mehrerlöse im Vergleich zum Kassaverkauf bringt. Dazu kommt, daß das Inflationsgespenst in letzter Zeit wieder die Runde macht und Gold vor diesem Hintergrund immer eine interessante Alternative darstellt.

- Für Goldexperten ist es allerdings nicht überraschend, daß der Anstieg des Goldpreises gerade im Januar gekommen ist. So wurden zu dieser Zeit in vielen asiatischen Ländern zahlreiche Feste gefeiert, zu denen traditionell viel Gold verarbeitet wird, z. B. das chinesische Neujahrsfest. Es kommt zunehmend zu einem Auseinanderdriften von Angebot und Nachfrage am Goldmarkt. Die Minenproduktion 1995 war rückläufig, vor allem weil in Südafrika lange nicht mehr die Mengen der Vorjahre produziert worden sind. Auf der anderen Seite stieg aber die Nachfrage nach dem gelben Edelmetall um fast 8 % an. Die Lücke konnte bisher durch Verkäufe der Notenbanken gedeckt werden, so daß es nicht zu einer deutlichen Angebotsverknappung gekommen ist. Die Notenbanken haben aber nicht mehr allzu große Bestände, so daß es bald zu einer echten Angebotslücke kommen kann. Erste Bestrebungen gehen aktuell dahin, daß die Goldbestände der euopäischen Nationen für den Fall der Realisierung der EWWU eingefroren werden sollen und somit de facto ein Verkaufsverbot herrscht. (Die Deutsche Bundesbank hat ihre Goldreserven mit 144 US-Dollar bilanziert und wird sich mit dieser Regelung nicht einverstanden erklären können.)
- Dazu kommt, daß die Notenbanken bisher den Minengesellschaften Gold zu niedrigen Zinsen überlassen haben, die diese Bestände sofort wieder auf Termin verkauft haben. Diese Vorgehensweise wird zukünftig so einfach nicht mehr möglich sein, denn die Notenbanken wollen diese Geschäftsart restriktiver handhaben. Viele Minengesellschaften kommen in absehbarer Zeit in Schwierigkeiten, weil sie die Förderleistungen mehrerer Jahre im voraus am Terminmarkt veräußert haben und bald den Lieferverpflichtungen nachkommen müssen. Reicht die eigene Förderleistung nicht aus, wird das Gold am Markt zu einem hohen Preis eingedeckt. So produzieren die Gesellschaften Verluste und kommen in die traumatische Situation, trotz bzw. gerade wegen steigender Goldpreise Konkurs zu machen.
- Beflügelt wird der Goldpreis aber auch von den Fondsgesellschaften, die in den letzten Monaten wieder deutlich nachvollziehbar Goldbestände aufgebaut haben. Privatanleger, vor allem aus dem europäischen Raum, haben ebenfalls in letzter Zeit verstärkt in Gold investiert, weil die Zukunft der Währung ungewiß ist. Die Nachfrageseite wird komplettiert durch die Elektroindustrie und letztlich natürlich durch die Dentalmedizin.

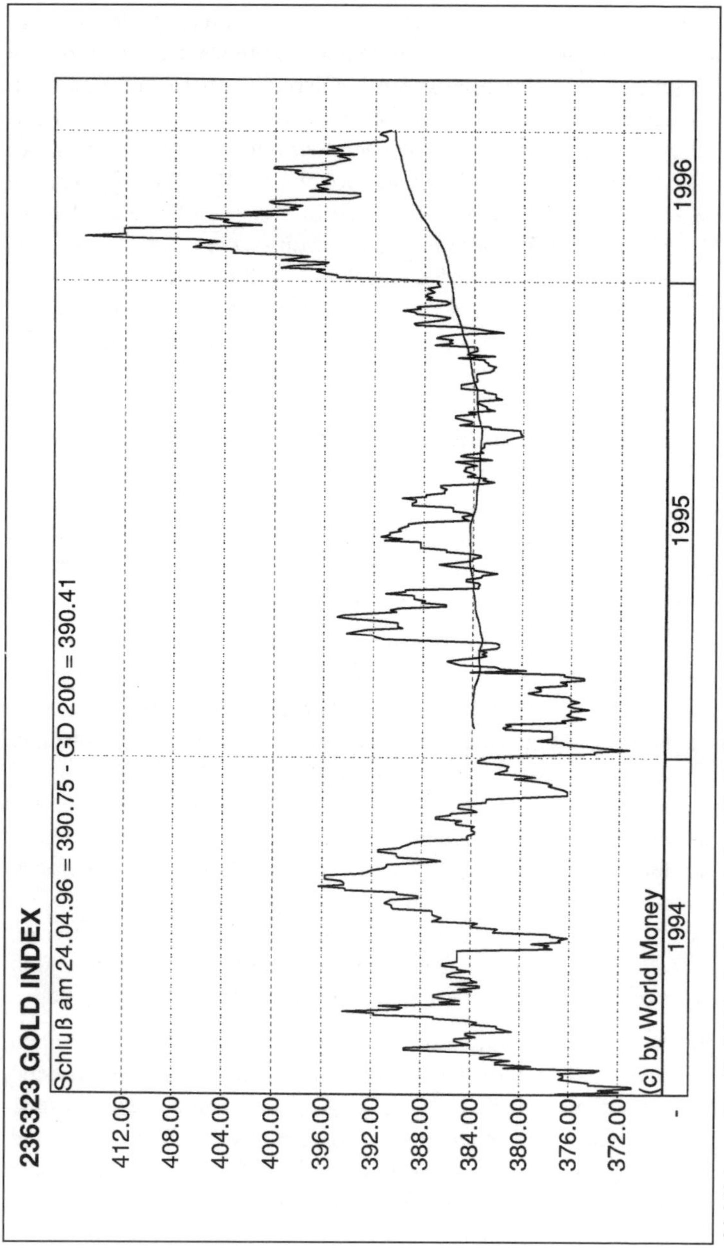

Abbildung 5: Gold-Preis London in US-Dollar

- Doch trotz aller positiven Aussichten, gibt es gerade im Goldmarkt immer viele Unbekannte. So weiß heute keiner genau, wie groß die Goldreserven der ehemaligen GUS-Staaten sind oder auch, wie hoch die Produktion im laufenden Jahr genau sein wird.

- Die Meinungen über die weitere Entwicklung des Goldmarktes gehen deshalb teilweise sehr weit auseinander. Einige Experten schätzen den Preis in nächster Zeit auf über 500 oder gar 600 US-Dollar, andere vermuten im Kursaufschwung der letzten Zeit eine Überreaktion, der schon bald wieder Ernüchterung folgen wird.

Dem goldinteressierten Anleger sei jedoch gesagt, daß das Edelmetall immer nur als Beimischung für ein Gesamtengagement zu sehen ist. Sich jetzt ausschließlich auf die positive Edelmetallentwicklung, sei es in Form von Barren, Münzen oder Zertifikaten einerseits oder Goldminenaktien andererseits, zu spezialisieren ist nichts anderes als eine gefährliche einseitige Spekulation und entspricht nicht den üblichen Gedanken der Risikostreuung.

Szenario A

In diesem Umfeld der europäischen Stabilität wird Gold keine großen Chancen allein aus der Europaphantasie ziehen können. Startet die EWWU mit wirtschaftlich sehr ähnlichen Ländern, wird das Vertrauen in den Euro auch entsprechend groß sein, und Gold wird als Alternative schnell wieder an Reiz verlieren.

Szenario B

Dieses Szenario kann eine Chance für die Goldanlage darstellen, denn mit Aufnahme einiger Länder, welche die Konvergenzkriterien überhaupt nicht, nur teilweise oder gar nur aufgrund neu eingeführter und sehr weitreichender Interpretationshilfen der Kriterien erfüllen, wird das internationale Vertrauen der Finanzmärkte in den Euro sinken. Um dann schnell wieder Vertrauen schaffen zu können, muß das Geld knapp und auch teuer gehalten werden, d. h., es kommt zwangsläufig wieder zu hohen Zinsen. Dieser Trend wird dann noch verstärkt, wenn die EU-Mitgliedsländer, die nur so gerade die Aufnahme geschafft haben, wieder eine großzügigere Schuldenpolitik im eigenen Land einführen werden. Auf diesem Umweg werden die Stabilitätsversprechen schnell zu leeren Versprechungen und das Vertrauen in den Euro schwindet weiter.

Die neue Europawährung wird starke Abschläge im Vergleich zu den anderen Währungen hinnehmen müssen und dann werden viele Anleger Alternativen suchen und dabei als Beimischung auch ernsthaft über Gold nachdenken.

Szenario C

Im Fall der Verschiebung wächst die Unsicherheit an den Finanzmärkten. Gold wird bis zu einer endgültigen Klärung der Startergruppe eine Alternative für verunsicherte Anleger bleiben. Eine Anlage in DM wird sich für diesen Übergangszeitraum aber wahrscheinlich besser rechnen, denn die Zins- bzw. Dividendenausfälle des Goldes müssen erst einmal durch entsprechende Kursgewinne kompensiert werden.

Die üblichsten Goldmünzen für Anleger sind neben den weithin bekannten Maple Leaf (1 bis 0,1 oz.) und dem Krügerrand (1 oz.) auch der Australische Nugget (1 oz.), 20 Goldmark Wilhelm II., der US-Eagle (1 oz.) und Britannia (1 oz.).

Eine spekulative Alternative zum Direkterwerb des Edelmetalls stellen Goldminenaktien oder sogar auch Goldoptionsscheine dar.

Die weltweit größten goldfördernden Aktiengesellschaften (gemessen an der Jahresproduktion 1995) sind Freegold (Südafrika, ca. 3,2 Millionen Unzen), Barrick Gold (Nordamerika, ca. 3,0 Millionen Unzen), Vaal Reef (Südafrika, ca. 2,1 Millionen Unzen) und Newmont Gold (Nordamerika, ca. 1,9 Millionen Unzen). Alle anderen Gesellschaften förderten im Vergleichszeitraum unter 1 Millionen Unzen.

Zu beachten sind neben der Jahresfördermenge aber auch die Förderkosten. Hier liegt Hemlo mit einem Förderpreis von ca. 120 US-Dollar je Feinunze weltweit an erster Stelle. Die südafrikanischen Gesellschaften gehören erstaunlicherweise zu den teuersten Produzenten und haben immer noch mit einem politischen Malus zu kämpfen. Deshalb haben viele Minengesellschaften aus der Kapregion ernsthafte Existenzprobleme.

Neben dem Goldpreis und den Abbaukosten ist auch das Volumen des Goldes interessant, das bereits geortet ist und problemlos abgebaut werden kann. Bei dieser Betrachtungsweise wird also versucht, die vorhandenen Ressourcen auf den Aktienpreis zu diskontieren.

Die Standardempfehlung bei Goldaktien lautet Anglo-American. Doch zu diesem Unternehmen gehören neben Goldminen auch noch Finanzdienstleister und Immobilien. Desweiteren besitzt Anglo-American ein mehr als 25%iges Aktienpaket des Diamantenimperiums de Beers (siehe Kapitel 6.2.3).

Gold-Optionsscheine erlebten Anfang 1996 eine Renaissance. Im Rahmen des steilen Preisanstiegs für das gelbe Edelmetall explodierten die Umsätze dieser lange vernachlässigten Optionsscheine förmlich. Dabei gibt es nicht nur Optionsscheine auf den Preis des Edelmetalls, sondern am Markt findet man auch Optionsscheine, die zum Bezug von verschiedenen Goldminenaktien berechtigten. Diese Aktien werden meistens in Pakete, sogenannte baskets, zusammengeschnürt, so daß der Erwerber des Optionsscheins nicht auf die Kursentwicklung einer einzelnen Goldminengesellschaft angewiesen ist, sondern über den Optionsschein mehr den groben Markttrend substituiert.

Das Gebiet der Optionsscheine ist zu tief, um an dieser Stelle noch weiter darauf einzugehen. Auf ein wichtiges Kriterium soll aber auf jeden Fall hingewiesen werden. Vor dem Kauf der Optionsscheine muß man sich als Anleger unbedingt über die Korrelation der Minenaktien zum Goldpreis informieren. Nur wenn gewährleistet ist, daß der Kurs der Minen auch entsprechend den Preisveränderungen des Goldes schwankt, macht ein solcher basket-Optionsschein als Goldersatz Sinn.

6.2.2 Silber

Der Silberpreis lag zu Jahresbeginn in Zürich bei 5,15 US-Dollar je Unze. Der bisherige Jahreshöchststand wurde am 02. Februar mit 5,87 US-Dollar erreicht. Das bedeutet einen Wertzuwachs von 14 %.

Auf dem aktuellen Niveau ist Silber fundamental unterbewertet und bei einem weiteren allgemeinen Anstieg der Edelmetallnotierungen wird sich der Silberpreis voraussichtlich besser entwickeln als der Preis für Gold. Vereinzelt hört man Analystenstimmen, die einen Silberpreis von über 6 US-Dollar für die nächsten Jahre als sehr wahrscheinlich erachten.

In Deutschland gibt es das Problem, daß beim Silberkauf die Mehrwertsteuer in Höhe von 15 % anfällt, wohingegen der Erwerb von Gold oder von als gesetzliches Zahlungsmittel zugelassenen Goldmünzen mehrwertsteuerfrei ist. Bei Silbermünzen beträgt die Mehrwertsteuer immerhin nur 7 %.

Häufig eröffnen Silberkäufer ein Luxemburger Silberkonto, denn dann ist der Erwerb mehrwertsteuerfrei. Bei einem solchen Edelmetallkonto wird das Silber nicht physisch ausgehändigt, sondern lediglich buchmäßig gutgeschrieben. Für den Anleger ergibt sich so sogar noch der Vorteil, daß er die Kosten der Aufbewahrung spart.

Die Schwankungsbreite des Silberpreises ist deutlich größer als die des Goldpreises, woraus ein höheres Risiko der Silberanlage gegenüber dem Goldinvestment folgt. Der Grund dafür ist, daß die Industrie einer der Hauptmarktteilnehmer ist.

Zwei Gedanken sollen das Thema Edelmetallanlage abrunden. Edelmetalle sollen nur dann erworben werden, wenn die individuellen Überlegungen der dualen Betrachtungsweise zu dem Schluß führen, daß sich sowohl das Edelmetall selber als auch der Euro im Verhältnis zu den anderen Währungen, hauptsächlich dem US-Dollar, positiv entwickelt.

Auf einen, eigentlich hinreichend bekannten, Nachteil gegenüber nahezu jeder anderen Anlageform sei an dieser Stelle noch einmal ausdrücklich hingewiesen. Edelmetalle verzinsen sich nicht und schütten keine Gewinne aus!

6.2.3 Diamanten

Edelsteine im allgemeinen und Diamanten im besonderen waren schon zu allen Zeiten ein Zahlungsmittel, das sich in Krisenzeiten besonders bewährt hat. Es verfügt in gewissen Bevölkerungskreisen über eine hohe Akzeptanz, und genau das ist der Grund für den hohen Beliebtheitsgrad.

Ein Direkterwerb von Diamanten als Wertanlage soll jedoch immer nur dem absoluten Experten vorbehalten sein. Viele selbsternannte Diamantenspezialisten kennen sich zu wenig in dieser komplexen Materie aus, um damit langfristig erfolgreich arbeiten zu können. Neben dem Direkterwerb gibt es aber noch die Möglichkeit der indirekten Beteiligung. Dabei kann der Anleger Aktien von Minengesellschaften erwerben. Weltweit ist de Beers Marktführer, und deshalb soll die Aktie an dieser Stelle auch etwas näher betrachtet werden.

TIP

Anlageempfehlung:
De Beers Consolidated Mining Limited

Börsenplätze: Johannesburg, London, Frankfurt etc.
Wertpapierkennummer: 879265

Das 1888 in Südafrika gegründete Unternehmen beschäftigt sich hauptsächlich mit der Förderung und Verarbeitung von Diamanten. Daneben werden aber auch Gold und andere Edelmetalle abgebaut und Beteiligungen an über 100 branchengleichen Unternehmen gehalten.

Interessanterweise beschäftigt sich de Beers neben dem Rohdiamantenabbau auch sehr intensiv mit der Herstellung von synthetischen Diamanten. Neben Abbau und Verarbeitung nimmt der Vertrieb der Produkte noch einen Großteil der Unternehmenstätigkeit ein. Besonders hervorzuheben ist da die Beteiligung an der Central Selling Organisation (CSO), der größten Diamantenhandelsgesellschaft weltweit, die insgesamt 70 bis 80 % des Weltabsatzes an Rohdiamanten abwickelt.

Großaktionäre des in Kimberley ansässigen Unternehmens sind der Anglo American Investment Trust Ltd. mit einem Anteil von knapp unter 24 %, die South African Mutual Life Assurance Society mit 9,9 % so wie drei weitere Unternehmen mit einem Gesamtbesitz von weiteren ca. 19 %. Somit liegt mehr als die Hälfte des Unternehmens in festen Händen. Die restlichen Aktien befinden sich weltweit im Streubesitz von mehr als 20000 Aktionären.

Im letzten Jahr hatte de Beers stark damit zu kämpfen, daß vermehrt Diamanten aus Rußland verkauft worden sind und so der Markt aufgebläht worden ist. Der russische Finanzminister hat vor kurzem aber eine Abmachung mit de Beers unterschrieben, demzufolge das Unternehmen zukünftig der einzige Abnehmer für ungeschliffene Steine ist. Daneben gibt es noch einige weitere Absprachen, mit denen die russische Diamantenindustrie, allen voran der Produzent Almasi Rossii-Sacha überhaupt nicht einverstanden ist. Er will selber in den Diamantenzentren

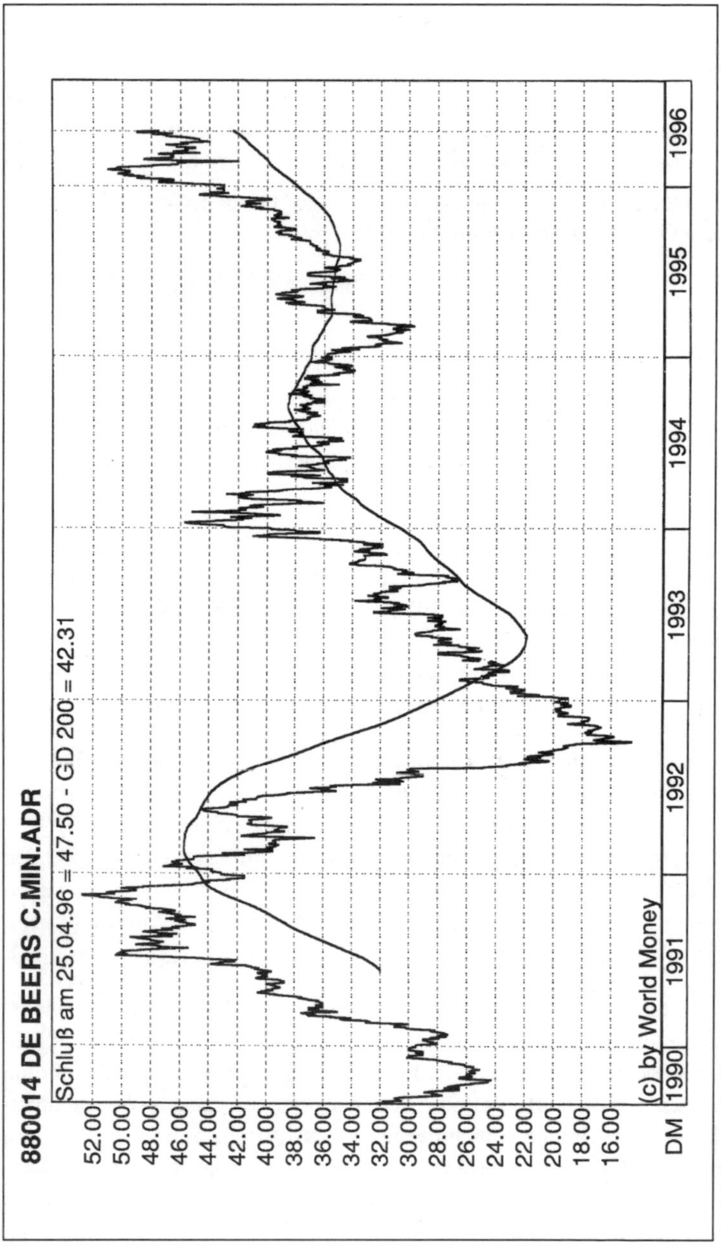

Abbildung 6: De-Beers-Chart

Antwerpen und Tel Aviv Filialen eröffnen. Es bleibt abzuwarten, ob alle Vertragspunkte eingehalten werden.

Im Fahrwasser dieses Vertrages haben auch australische Minen Neuverhandlungen mit de Beers gefordert. Diese Forderung hat deshalb so großes Gewicht, weil der kleine Kontinent am anderen Ende der Welt mit 38,4 % der Weltproduktion die Nr. 1 (in Karatgewicht gemessen) für Schmuck- und Industriediamanten ist.

Trotzdem sind die Diamantenpreise wieder gut gestiegen, da sich der Markt sehr stabil zeigt.

1995 vergrößerte sich der Gewinn der Gesellschaft auf US-Dollar-Basis um beachtliche 20 %. Die Gewinne aus dem Diamantenverkauf erreichten nahezu 760 Millionen US-Dollar und die Dividende hat jetzt fast das Niveau von einem US-Dollar erreicht. Insgesamt verkaufte die in London ansässige Handelsbeteiligung CSO 1995 Edelsteine im Gesamtwert von über 4,5 Milliarden US-Dollar. Der Hauptumsatz wurde mit Diamanten über zwei Karat gemacht.

Damit wurde das Rekordergebnis aus 1993 um fast 4 % übertroffen und die weiteren Marktperspektiven sind günstig. Vor allem aus den Ländern Asiens und den USA wird weiterhin mit hoher Nachfrage gerechnet.

6.3 Aktien

6.3.1 Allgemeine Überlegungen

Im gesamten europäischen Aktienmarkt gibt es einen enormen Harmonisierungsbedarf. Es werden zwar alle Nennwerte auf den Euro umgestellt, doch sind die einzelnen Aktien trotzdem noch recht unterschiedlich.

Interessant ist vor diesem Hintergrund die Diskussion darüber, ob nicht europaweit nennwertlose Aktien eingeführt werden sollen. Diese Überlegung findet durchaus ihre Berechtigung, da durch die Fixierung der Wechselkurse die Nennwerte rechnerisch sowieso angepaßt werden müssen. Dabei wird es dann europaweit nicht nur zu recht unterschiedlichen, sondern teilweise auch zu „krummen“ Nennwerten mit Nachkommastellen kommen. Nach einer entsprechenden Umstellung auf nennwertlose Aktien verkörpert eine Aktie nicht mehr 5 DM oder 50 DM am Grundkapital einer Aktiengesellschaft, sondern beispielsweise einen Anteil von einem Hunderttausendstel. Um die vorhandenen großen Differenzen zwischen den einzelnen Aktienmärkten zu minimieren, müßten die nationalen Regierungen allerdings in vielen Fragen kompromißbereit sein. Problematisch ist in diesem Fall noch, daß bei weitgehenden Harmonisierungen in erheblichem Ausmaß Eingriff in Privatrecht vorgenommen werden muß.

Durch eine Umstellung kann ein europäischer Aktienmarkt von bisher noch nie dagewesener Transparenz, Tiefe und Liquidität geschaffen werden, der die Aktie als Anlagemedium noch attraktiver macht. Ersten Schätzungen zufolge wird das Gesamtvolumen des europäischen Aktienmarktes zwischen 1 200 und 1 500 Milliarden US-Dollar liegen.

Bereits in den letzten Jahren war ein Trend zur europaweiten Harmonisierung zu beobachten, in dem beispielsweise in Deutschland das Wertpapierhandelsgesetz eingeführt worden ist. Dieser Trend soll jetzt intensiviert werden und auch in der Anwendung und Auslegung von europaweit einheitlichen Rechnungslegungsvorschriften seinen Ausdruck finden. In die gleiche Richtung geht der Trend vieler deutscher Aktiengesellschaften, die die Beziehung zwischen Aktionär und AG (Investor Relations) intensivieren wollen.

Die Aktiengesellschaften werden davon profitieren, daß sie nicht mehr so viele Geschäfte zur Kursabsicherung vornehmen müssen, die in der Vergangenheit die Ergebnisrechnungen belastet haben. Gleichzeitig werden die zukünftigen Ergebnisse besser kalkulierbar und die Planungsunsicherheit in diesem Bereich wird minimiert. Der Wegfall des Wechselkursrisikos ist besonders für die klassischen institutionellen Kapitalanleger wie beispielsweise die Pensionsfonds interessant, da sie aufgrund eines übersteigerten Vorsichtsdenkens in den letzten Jahren nur ca. 10 % ihrer Einlagen in Aktien investieren durften (Ausnahme: in Großbritannien liegt der Anteil deutlich darüber). In einem einheitlichen Währungsmarkt fällt der Absicherungsgedanke weg, und die Aktienquote wird sich im Lauf der Zeit gut verdoppeln können, was einen enormen Nachfrageschub im Aktienmarkt auslösen kann.

Für den Privatanleger wird es zukünftig einfacher, an ausländischen Börsen innerhalb Europas zu investieren, da das Wechselkursrisiko völlig entfällt. Dadurch könnte für den neugeschaffenen europäischen und speziell den deutschen Aktienmarkt ein neuer Anstoß kommen, weil durch den Wegfall dieser Risiken mehr Investoren als in der Vergangenheit in Aktien investieren werden. Auch von dieser Seite erwartet man einen enormen Kapitalzufluß für den Aktienmarkt.

Ein weiterer Schritt auf dem Weg zur länderübergreifenden Kooperation ist Eurolist. Dabei handelt es sich um eine Vereinbarung zwischen 17 Börsen, die sich im europäischen Börsenverband zusammengeschlossen haben.

Vorteile gibt es vor allem für die Aktiengesellschaften, die an verschiedenen Börsenplätzen gelistet sind. Bisher mußten sie Firmenmitteilungen an alle Handelsplätze einzeln weiterleiten. Mit Eurolist wird die entsprechende Bekanntmachung nur noch an die Heimatbörse geleitet und von dort automatisch via Netzwerk an die anderen relevanten Börsenplätze weitergegeben. Dadurch sparen die Aktiengesellschaften Zeit und letztendlich Kosten. Dem europäischen Anleger kommt dieses System ebenfalls zugute, denn so werden Nachrichten noch zeitnaher weitergereicht und sein Informationsgrad optimiert. Dadurch kann es zu einem steigenden Umsatz in den Werten kommen, die über Eurolist gepflegt werden. Für die Aktiengesellschaften ist außerdem wichtig, daß sie so der Ad-hoc-Publizität besser nachkommen können. Das Zentrum aller Informationsweiterleitung hat den Sitz in Brüssel und bedient sich neuester Techniken.

Viele europäische Aktiengesellschaften sind schon seit einigen Jahren dabei, sich auf den kommenden großen Markt einzustellen, und haben im Rahmen zahlreicher Umstrukturierungen die Produktivität deutlich optimiert. Für viele kleinere und mittelgroße AGs wird es durch die Einführung einer einheitlichen Währung jetzt erstmalig richtig interessant, internationale Kooperationen einzugehen und die daraus resultierenden Synergieeffekte zu nutzen. Somit ist die eigentliche Stütze der zukünftigen positiven Erwartungen die Marktausweitung der kleineren und mittleren Unternehmen. Die Vorstände dieser Firmen fordern zurecht ein hohes Maß an staatlicher Koordination, denn die bisher vorangetriebenen Integrationsprozesse basieren überwiegend auf politischen Initiativen. Der Staat darf auch in Zukunft nicht abstinent sein, sondern muß stets lenkend eingreifen und mit guten Vorschlägen präsent sein.

Viele Kreditinstitute und Analysten erwarten von daher einen deutlichen Gewinnschub für die Aktiengesellschaften in den nächsten Geschäftsjahren.

Die Aktie wird als Anlageform für den Anleger mit hoher Steuerprogression interessant, da Kursgewinne von Aktien im Privatvermögen, die über einen Zeitraum von mindestens 181 Tagen erzielt werden, steuerfrei sind. Neben den steuerlichen Vorteilen bietet eine Aktie einen guten Inflationsschutz und in der langfristigen Betrachtung auch eine deutlich höhere Rendite als festverzinsliche Titel.

Szenario A

Ein fester Euro birgt von der Zinsseite her keine oder nur geringe Gefahren für Aktien. Das Zinsniveau wird recht niedrig bleiben und von daher werden festverzinsliche Wertpapiere als Alternative zur Aktie nicht sonderlich interessant gemacht. Besonders interessant ist dieses Szenario für die Aktien, die in den letzten Jahren unter der starken DM-Aufwertung gelitten haben. Das sind in Deutschland in der Hauptsache die konjunktursensitiven Aktien, die auch noch größtenteils traditionell stark exportorientiert sind. Außerdem werden internationale Anleger jetzt europaweit verstärkt auch länderübergreifende Analysen erstellen und aufgrund der guten Wettbewerbsposition deutscher Groß- und Spezialunternehmen verstärkt deutsche Aktien suchen.

Szenario B

Kommt es zum weichen Euroszenario, dann werden große Kapitalbeträge den europäischen Währungsraum verlassen und überwiegend im US-Dollar investiert werden, der dann gegenüber der DM ansteigt. Die Gesellschaften, die ihre Produkte überwiegend im amerikanischen Raum absetzen, werden davon profitieren. Ein solches Szenario führt zwangsläufig zu einer leicht ansteigenden Inflationsrate, was wieder der alten Grundüberlegung „Sachwert schlägt Geldwert“ Raum einräumt und von daher eine Anlage in Aktien attraktiv erscheinen läßt.

Szenario C

Für die Aktiengesellschaften bleiben die Wechselkursrisiken und auch die Absicherungskosten. Die erhofften Verbesserungen für den Aktienmarkt treten nicht ein und so wird kein neues Geld in den Markt fließen.

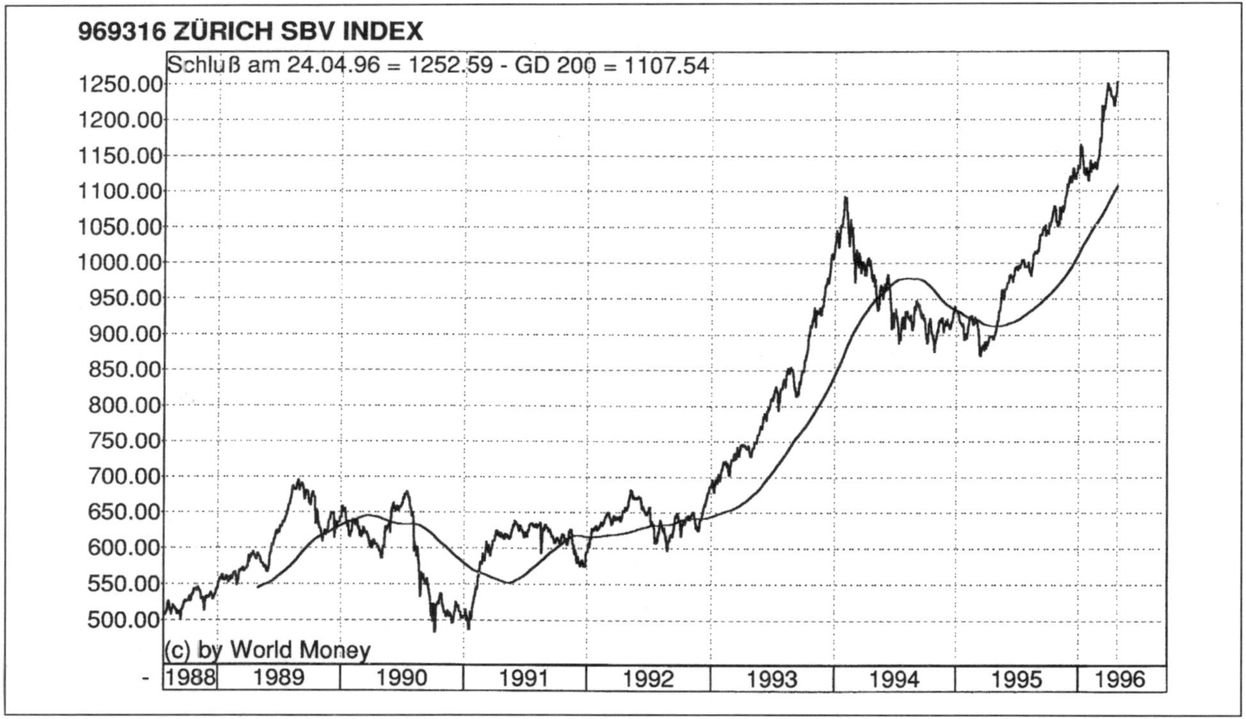

Abbildung 7: Entwicklung der Schweizer Börse

Es kann im Gegenteil sogar zu geringen Rückschlägen kommen, weil der Aktienmarkt ein Antizipationsmechanismus ist. Erwartungen über die zukünftigen Entwicklungen sind meistens schon in den Kursen verarbeitet. Kommt es dann ganz anders als viele vermuten, müssen die Kurse korrigiert werden. Viele Analysten erwarten einen positiven Effekt aus einem harten Euroszenario und dem Wegfall der Währungsunsicherheiten. Bleiben diese Unwägbarkeiten bestehen, so kann es zu einer Neubewertung der Aktien kommen.

6.3.2 Ein kurzer Blick über die Aktienmärkte

Eine Sonderstellung im hoffnungsvollen europäischen Markt nimmt die Schweiz ein. Viele Unternehmen haben mit der momentanen Wirtschaftslage zu kämpfen. Der hohe Konkurrenzdruck als Folge der starken Währung, die Krise im Bausektor und der drastische Defizitabbau im öffentlichen Sektor dämpfen die Nachfrage in der Schweiz. Fast alle Branchen rechnen damit, daß im laufenden Jahr und wahrscheinlich auch 1997 Preiszugeständnisse notwendig sind, damit die Konkurrenzfähigkeit erhalten bleibt. Besonders betroffen ist hierbei die Baubranche, die zum einen große Überkapazitäten hat und zum anderen auf überproportional stark fallende Preise trifft. Hier helfen auch nicht die gesunkenen Zinsen für Hypothekenkredite weiter, die normalerweise einen Nachfrageschub bewirken. Ein weiteres Problemkind vor dem Hintergrund ist die gesamte Exportindustrie. Doch auch die Tourismusbranche hat schon erste Einbrüche zu verzeichnen, da auf diesem erhöhten Niveau immer weniger Touristen ins ohnehin nicht ganz billige Ländle fahren, um dort ihren Urlaub zu verbringen. All diese Aspekte haben dazu geführt, daß die Schweiz Anfang 1996 in punkto Wirtschaftswachstum das Schlußlicht aller Industrieländer ist.

Der deutsche Aktienmarkt hat in der letzten Zeit eine erstaunliche Entwicklung hinter sich. Noch immer trägt die Zinsphantasie den Markt und solange aus Amerika keine größeren Belastungen nach Deutschland schwappen, kann dieser Trend auch durchaus anhalten. Am deutschen Aktienmarkt gibt es neben anderen vielversprechenden AGs auch einige Unternehmen, die von der europäischen Phantasie überproportional stark profitieren werden.

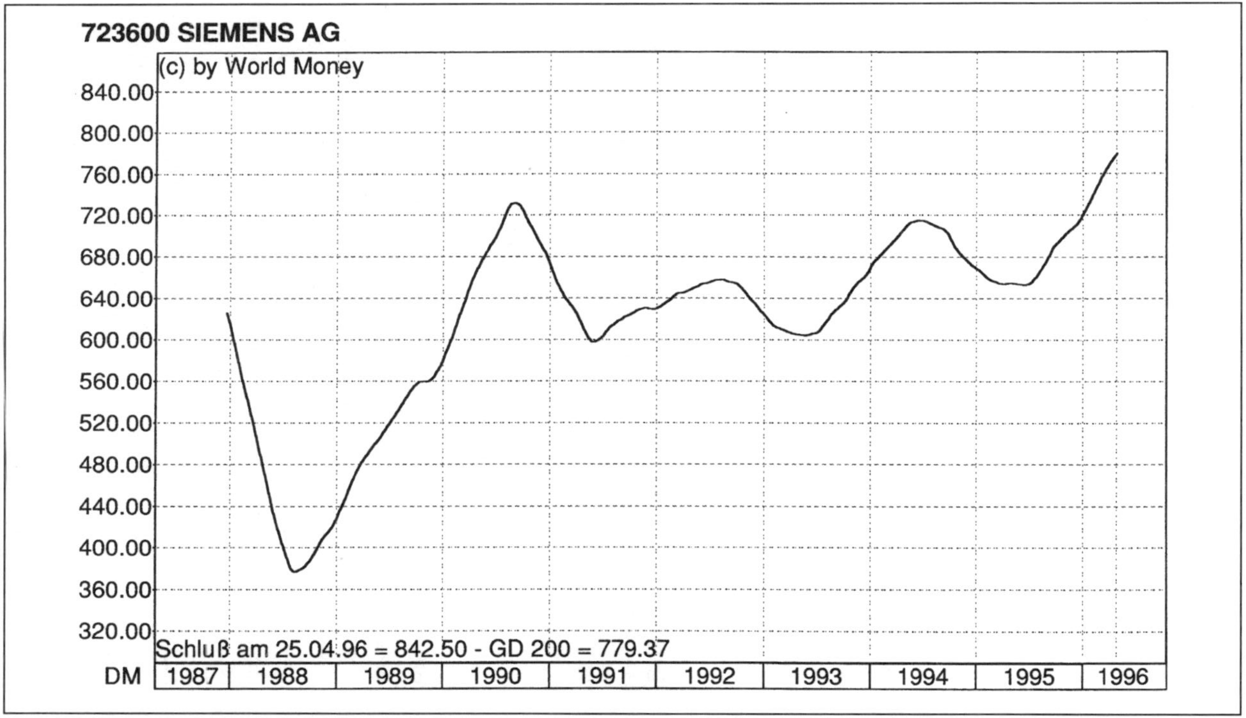

Abbildung 8: Siemens-Chart

Neben den Anlageempfehlungen vom deutschen Kurszettel fallen auch im Ausland einige Unternehmen auf. Besonderes Augenmerk haben dabei die Telekommunikationsunternehmen verdient, denn hier erwartet man einen weiteren kräftigen Wachstumsschub. Ergänzt wird die Palette der Anlageempfehlungen noch durch einen typischen amerikanischen Wachstumswert.

TIP

Anlageempfehlung:
Siemens

Börsenplätze: Frankfurt, Düsseldorf etc.
Wertpapierkennummer: 723600

Hauptgeschäftsfelder sind Industrie- und Verkehrstechnik, Kommunikationstechnik, Energietechnik und Informationssysteme. Fast 70 % des Produktabsatzes erfolgt in Deutschland und dem europäischen Ausland.

Das Unternehmen hat in den letzten Jahren eine rasante Entwicklung hinter sich. Der Umsatz stieg von ca. 63,2 Milliarden DM 1990 auf 88,7 Milliarden DM 1995 und der Gewinn entwickelte sich ähnlich. Wurden 1990 noch 1,67 Milliarden DM erwirtschaftet, so lag dieser Wert 1995 schon bei fast 2,1 Milliarden DM. Aus Sicht der Aktionäre ist es da schade, daß die Dividende im gleichen Zeitraum bei konstant 13 DM geblieben ist. Die Dividendenrendite von ca. 1,7 % ist äußerst mäßig und wird zurecht vielfach kritisiert. Die relativ geringeren Ausschüttungen haben aber dazu beigetragen, daß die Eigenkapitalquote mit guten 26 % ebenfalls konstant geblieben ist. Aktuell weist die AG eine Bilanzsumme von nahezu 81,76 Milliarden DM auf.

Im Geschäftsjahr 1994/95 konnte der Siemens-Konzern, der zu den Spätzyklikern der deutschen Börse zählt, den operativen Gewinn nach Steuern um 26 % auf über 2 Milliarden DM steigern. Dieses Ergebnis ist sehr positiv aufgenommen worden, da man aufgrund der Währungsirritationen 1994/95 und dem harten Konkurrenzkampf der Branche nur mit einem Plus von 20 % gerechnet hat. Der positive Swing kommt aus der deutlichen Verbesserung der Produktivität in vielen Bereichen. In der Zukunft sollen weitere Konstensenkungsprogramme, allen voran das im Geschäftsjahr 1992/93 eingeführte Strukturprogramm „top Siemens", dazu beitragen, daß dieser Trend beibehalten wird. Die Produktivitätsverbesserungen sollen wesentlich zur Stärkung der Ertragskraft und somit zur Verbesserung der Wettbewerbspositoin beitragen. Diese Vorhaben werden noch weiter dadurch unterstützt, daß neue Märkte erschlossen werden sollen.

Mit Hilfe von „top Siemens" sind in den letzten Jahren schon beachtliche Erfolge erzielt worden. So konnte man beispielsweise die jahrelang defizitträchtigen Bereiche SNI und Bauteile wieder in die schwarzen Zahlen geführt werden. „top Siemens" umfaßt die folgenden Aufgabengebiete:

- Erhöhung der Produktivität
- Beschleunigung von Innovationen
- Erschließung neuer Märkte (Asien, Osteuropa)
- Veränderung des Verhaltens der Mitarbeiter hin zu mehr Flexibilität und Kundenorientierung

Die ersten Erfolge haben auch nicht lange auf sich warten lassen. Im Geschäftsjahr 1993/94 wurde erstmals seit längerer Zeit ein positiver Saldo in der Produktivitätsentwicklung erzielt. In den nächsten Jahren soll der jährliche Produktivitätszuwachs weit mehr als 6 Milliarden DM betragen. In den Jahren 1992 bis 1994 wurden insgesamt 58 000 Mitarbeiter und somit 14 % der gesamten Belegschaft abgebaut. Die Personalkostenquote, die vor wenigen Jahren noch bei fast 45 % gelegen hat, soll bis 1997/98 auf unter 40 % gesunken sein.

Dazu setzt man auf eine deutliche Ergebnisverbesserung von seiten der einzelnen Währungen. Hier waren im letzten Geschäftsjahr alleine außerplanmäßige Belastungen in Höhe von knapp 7 Milliarden DM zu verzeichnen.

Das Siemens-Management hat bereits in Aussicht gestellt, daß die Eigenkapitelrendite, die 1994 um außerordentliche Erträge bereinigt noch bei knapp 8 % lag, bis zur Jahrtausendwende ungefähr verdoppelt werden soll. Dabei profitiert Siemens in den nächsten Jahren davon, daß die Strukturkosten entfallen, die aktuell das Ergebnis noch mit ca. 2 Milliarden DM pro Jahr belasten. Der Personalkostenblock wird in den nächsten Jahren um weit über 3 Milliarden DM entlastet. Rechnet man diese Vorteile einmal auf eine Aktie um, so ergibt sich ein Entlastungspotential von ca. 50 DM je Aktie.

Siemens ist internationale Spitze und auch führender Anbieter im Bereich technologisches Know-how. Zurückzuführen ist das auf die hohe Investitionsbereitschaft der AG, die für Forschung und Entwicklung ca. 9 % des Gesamtumstzes investiert und auch stets große Beträge in die Sachinvestitionen steckt. So wird ein solides Fundament für die Zukunft gelegt.

Daneben ist die Finanzkraft des Unternehmens schon fast legendär. Das ist hauptsächlich darauf zurückzuführen, daß beispielsweise im Geschäftsjahr 1993/94 knapp über 30 % der Bilanzsumme in Liquidität oder liquiditätsnahen Mitteln angelegt worden ist. Der manchmal leichtfertig geäußerte Vorwurf, Siemens sei eine Bank mit angegliederter Elektroabteilung, ist allerdings nicht zu halten. Der hohe Liquiditätsanteil kommt im wesentlichen über die Anlageform der Pensionsrückstellungen zustande. Statt sie im eigenen Unternehmen zu investieren, legt Siemens die Gelder lieber am Kapitalmarkt an. So wird der Wert die liquiden Mittel optisch aufgebläht.

Siemens ist momentan Marktführer im Bereich der Telekommunikationsausrüster. Das liegt unter anderem an den beiden großen Beteiligungen an GPT und ITALTEL.

Der allgemeine Bereich der Telekommunikation muß aufgeteilt werden, denn Siemens ist in den unterschiedlichen Segmenten auch sehr unterschiedlich positioniert. In der Übertragungs- und Vermittlungstechnik ist das Unternehmen führend, spielt jedoch im sehr vielversprechenden Mobilfunkbereich bisher nur eine Nebenrolle. Ab 1996 rechnet Siemens aber wieder mit einem Anstieg der Gewinnmage in diesem Markt.

1994 erzielte Siemens weltweit einen Umsatz von 54,6 Milliarden US-Dollar und war somit im Feld der global player weltweit die Nr. 6. Die Bilanzstruktur sieht sehr gut aus, denn neben 25 % Eigenmitteln werden auch 36 % langfristige Rückstellungen ausgewiesen. Darüber hinaus gibt es im großen Immobilienbesitz der AG wohl noch ein großes Potential stiller Reserven.

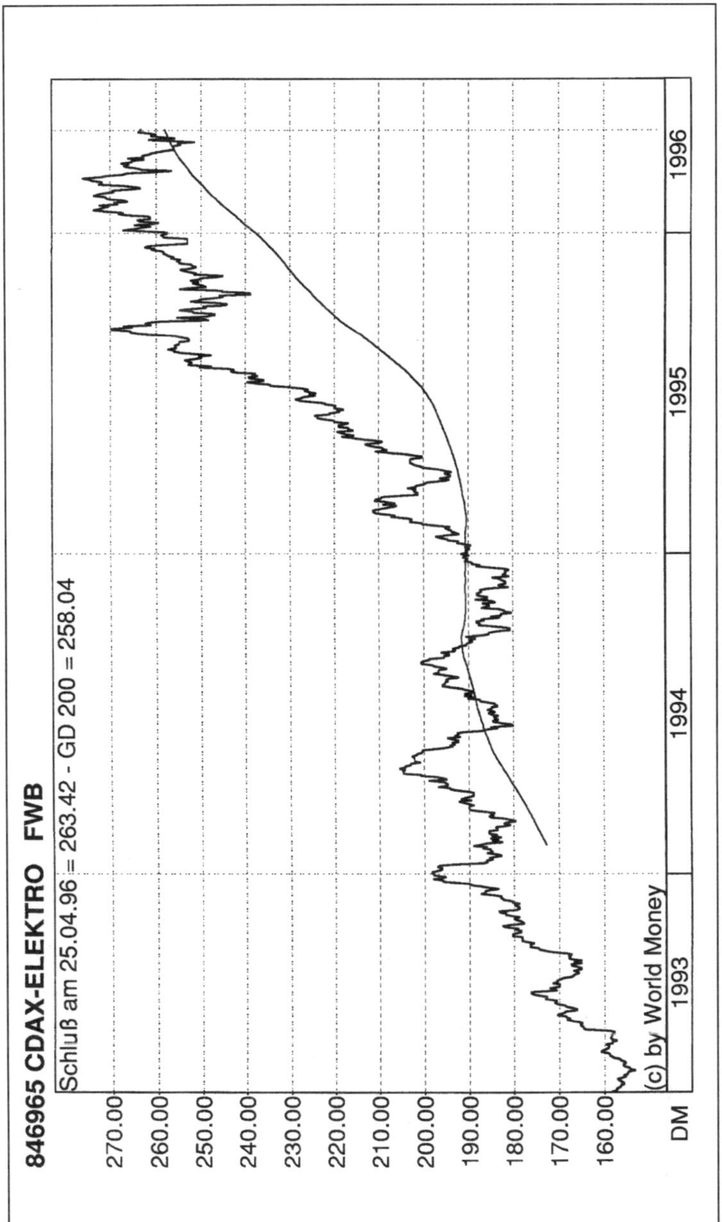

Abbildung 9: Elektro-Branche Chart

Bis 1998 soll sich der Ertrag pro Aktie ungefähr verdoppeln. Der Elektrotechnikkonzern mit Sitz in München ist eines der größten und traditionsreichsten Unternehmen auf dem deutschen Kurszettel und hat für die nächsten Jahre überdurchschnittliche Kurschancen.

✎ **TIP**

Anlageempfehlung:
Veba

Börsenplätze: Frankfurt, Düsseldorf etc.
Wertpapierkennummer: 761440

Die Haupttätigkeitsgebiete der Gesellschaft mit Sitz in Düsseldorf und Berlin sind Versorgung (Strom etc.), Chemie, Handel und seit neuestem in erheblichem Maß auch die Telekommunikation.

Fast 90 % der Leistungen werden in Deutschland und dem restlichen Europa erbracht und abgerechnet. Seit 1990 hat sich der Umsatz von 52,7 Milliarden DM auf 71,3 Milliarden DM erhöht, wobei sich der Gewinn überproportional gut entwickelte und von 1,2 Milliarden DM auf 2,1 Milliarden DM gestiegen ist. Die Veba AG verfügt traditionell über eine hohe Eigenkapitalquote von ca. 30 %. Die Dividende lag 1990 noch bei 1,10 DM je Aktie (umgerechnet auf 5,– DM Nennwert) und stieg bis heute auf 1,70 DM an. Betrachtet man dazu noch die außerordentlich gute Kursentwicklung des Wertes, so merkt man schnell, daß das shareholder-value-Konzept in dieser Gesellschaft sehr gut umgesetzt worden ist. Die Börsenkapitalisierung hat sich seit Anfang 1991 mehr als verdoppelt.

Ein ehrgeiziges Ziel der AG ist es, eine Eigenkapitalverzinsung von 15 % zu erreichen. Auf dem Weg zur Zielerreichung ist wieder ein großer Schritt voran getan worden, denn nach 8,7 % 1994 wurde dieser Wert auf 11,4 % nach Steuern 1995 gesteigert.

Abbildung 10: Veba-Chart

Der Veba-Konzern im Fünfjahresrückblick					
Kriterium	**1991**	**1992**	**1993**	**1994**	**1995**
Umsatz*	59.505	65.419	66.349	71.044	72.372
Ergebnis nach Steuern*	2.600	1.865	1.524	2.550	3.836
Gewinn je Aktie (DVFA/SG)	2,9	2,62	2,4	3,13	4,33
Bardividende je Aktie	1,2	1,2	1,3	1,5	1,7
Investitionen*	6.217	6.090	5.249	9382	9.722
mittlerer Aktienkurs	33,13	37,48	43,97	50,95	55,53

* in Millionen DM, falls nicht anders angegeben

Das Geschäftsjahr 1995 war für die Veba AG wieder ein Jahr der Rekorde, wenn auch die Zuwachsraten der Vorjahre nicht wieder erreicht worden sind. Alle Konzernbereiche haben sehr gut abgeschlossen, mit Ausnahme der Telekommunikation. Hier machten sich hohe Anlaufverluste von nahezu 100 Millionen DM sehr deutlich bemerkbar. In der Chemie schaffte es Veba, trotz eines nur marginalen Umsatzwachstums von 4 % den Gewinn von 77 Millionen DM auf 503 Millionen DM zu steigern! Dabei machten sich vor allem interne Umstrukturierungen und auch die Belebung der Konjunktur im Ergebnis bemerkbar. Das Unternehmen konnte in diesem Geschäftsjahr auch die Reserven vergrößern. Darüber soll im wesentlichen ein Polster für das noch neue und risikobehaftete Telekommunikationsgeschäft geschaffen werden. Hier will sich das Unternehmen nicht so sehr auf Ausrüstungen als vielmehr auf Dienstleistungen spezialisieren.

Für das laufende und auch die kommenden Geschäftsjahre blickt die Veba AG optimistisch in die Zukunft. Die Zuversicht stützt sich unter anderem auch darauf, daß einige Sonderbelastungen aus den letzten Jahren entfallen und auf weitere Rationalisierungseffekte gesetzt wird.

Die Aktionärsstruktur des Unternehmens ist sehr international, denn über 40 % der Aktien liegen in überwiegend angelsächsischer Hand. In den nächsten drei bis vier Jahren soll die Aktie auch in New York gelistet werden.

TIP

Anlageempfehlung:
Neuemission: Deutsche Telekom

„1996 im Zeichen der T-Aktie.“ So lautet der Slogan, mit dem die Deutsche Telekom den Börsengang im November vorbereitet. Am 19.03.1996 ist der offizielle Startschuß zur Vorbereitung des Börsengangs gefallen und die größte europäische Telefongesellschaft kommt an die Börse. Bis zum Starttermin im November wird eine ausgefeilte Werbestrategie gefahren, um den Begriff Investor-Relations mit Leben zu füllen. So soll unter anderem über Telefonrechnungen, Zeitungen, Zeitschriften, Radio und TV geworben werden. Außerdem ist ein „Aktien-Informations-Forum“ eingerichtet worden, worüber man stets aktuelle Informationen zum Börsengang beziehen kann.

	1991	1992	1993	1994	1995
Umsatz**	47,2	54,0	59,0	61,2	66,0*
Verbindlichkeiten**	90,4	108,0	113,9	125,0	108,0*
Geschäftsergebnis**	7,1	7,0	3,2	7,1	

* vorläufige Zahlen; ** in Milliarden DM

Ungefähr 50 % der Aktien sollen bei privaten Investoren plaziert werden. Die Deutsche Telekom AG setzt bei der Emission vor allem darauf, daß es bisher keine vergleichbare Aktie im deutschen Marktsegment gibt und der Markenname weithin bekannt ist. Die Ertragsaussichten der Branche werden stabil eingeschätzt und institutionelle Anleger müssen aufgrund der hohen Marktkapitalisierung für ihre Depots ebenfalls Telekom-Aktien erwerben. Alle diese Faktoren sorgen dafür, daß die Nachfrage in der Emission ziemlich hoch sein wird. Der bisherige Alleineigentümer der Deutschen Telekom, die Bundesrepublik Deutschland, darf vor der Jahrtausendwende keine weiteren Aktien verkaufen.

Für die Aktie ist noch kein offizieller Verkaufspreis bekannt, jedoch wird ein Kurs zwischen 30 DM und 40 DM vermutet.

Über die Zukunft der Struktur des deutschen Telekommunikationsmarktes ist noch nichts näheres bekannt und man kann zum jetzigen Zeitpunkt auch nur Gedankenmodelle durchspielen, denn vieles ist abhängig vom neuen Telekommunikationsgesetz. Das wird aber erst in diesem Sommer verabschiedet.

Die Konkurrenzsituation ist zur Zeit für die Deutsche Telekom AG noch sehr unübersichtlich. Die Zahl und auch die Größe der deutschen Konkurrenz kann noch nicht gut eingeschätzt werden und auch die ausländischen Konkurrenten sind noch nicht quantifizierbar.

In den zukunftsorientierten Märkten ist die Deutsche Telekom gut positioniert. Die Bereiche Telearbeit, Telelearning oder auch Telemedizin sind bereits erprobt oder eingesetzt worden. Dabei kommt dem Unternehmen zugute, daß es über eines der besten und dichtesten Glasfasernetze der Welt verfügt. Darüber ist beispielsweise die Errichtung eines eng verknüpften ISDN-Netzes problemlos möglich. Außerdem können bald Serviceleistungen wie Pay-TV oder auch Teleshopping weiter ausgebaut werden; immerhin sind von 23 Millionen verkabelten Haushalten bereits 16 Millionen angeschlossen. Eine letzte vielversprechende Facette bietet T-Online, der Online-Dienst der Deutschen Telekom. Über dieses System hat man direkten Anschluß an das Internet.

Unternehmen	Land	Umsatz in Mrd. DM 1994
AT & T	USA	108
NTT	J	96
Deutsche Telekom	D	64
France Télécom	F	36
British Telecom	GB	33
GTE	USA	28
BellSouth	USA	25
SIP	I	24
Nynex	USA	22
Bell Atlantic	USA	20

In den letzten Jahren expandiert in Deutschland der Markt für Mobilfunk. Hier spürt die Deutsche Telekom bereits deutlich den Wettbewerb. Die eigenen Netze C (analog) und D1 (digital) stehen in direkter Konkurrenz zum Mannesmann-Produkt D2 und der Veba/Thyssen-Kooperation E-Plus.

Bis ins Jahr 2000 sollen bei der Deutschen Telekom ca. 60 000 Stellen abgebaut werden, was der Produktivitätssteigerung zugute kommt.

Nach Vorlage des Abschlusses für 1995 soll auch einer Notiz an der New Yorker Wall Street ab dem Herbst 1996 seitens der US-Wertpapieraufsichtsbehörde SEC nichts mehr im Wege stehen.

TIP

Anlageempfehlung:
Nokia

Börsenplätze: Helsinki, Frankfurt (amtlicher Handel), München (Freiverkehr)
Wertpapierkennummer: 874984

Das finnische Unternehmen ist weltweit nach Ericsson der zweitgrößte Mobiltelefonanbieter. Im Dezember schockte es alle Anleger mit der Mitteilung, daß die Gewinne für die letzten vier Monate des Jahres zurückgestellt werden. Die Vorjahresgewinne konnten nicht erreicht werden.

Ursache dafür waren einschneidende Rückgänge im Bereich der Unterhaltungselektronik, speziell bei den Farbfernsehgeräten. Bereits Ende Februar zog der Vorstandsvorsitzende die Konsequenz und gab bekannt, daß sich Nokia aus dem verlustbringenden Fernsehbereich zurückzieht und die gesamten Kosten des Rückzugs noch mit in den Jahresabschluß 1995 einbringt. Aufgrund dessen halbiert sich der Reingewinn des Unternehmens gegenüber dem Vorjahr auf 2,2 Milliarden Finnmark.

Der wichtigste Bereich Nokias ist der der Mobiltelefone, da er sowohl den höchsten Beitrag zum Umsatz als auch zum Gewinn liefert. Doch

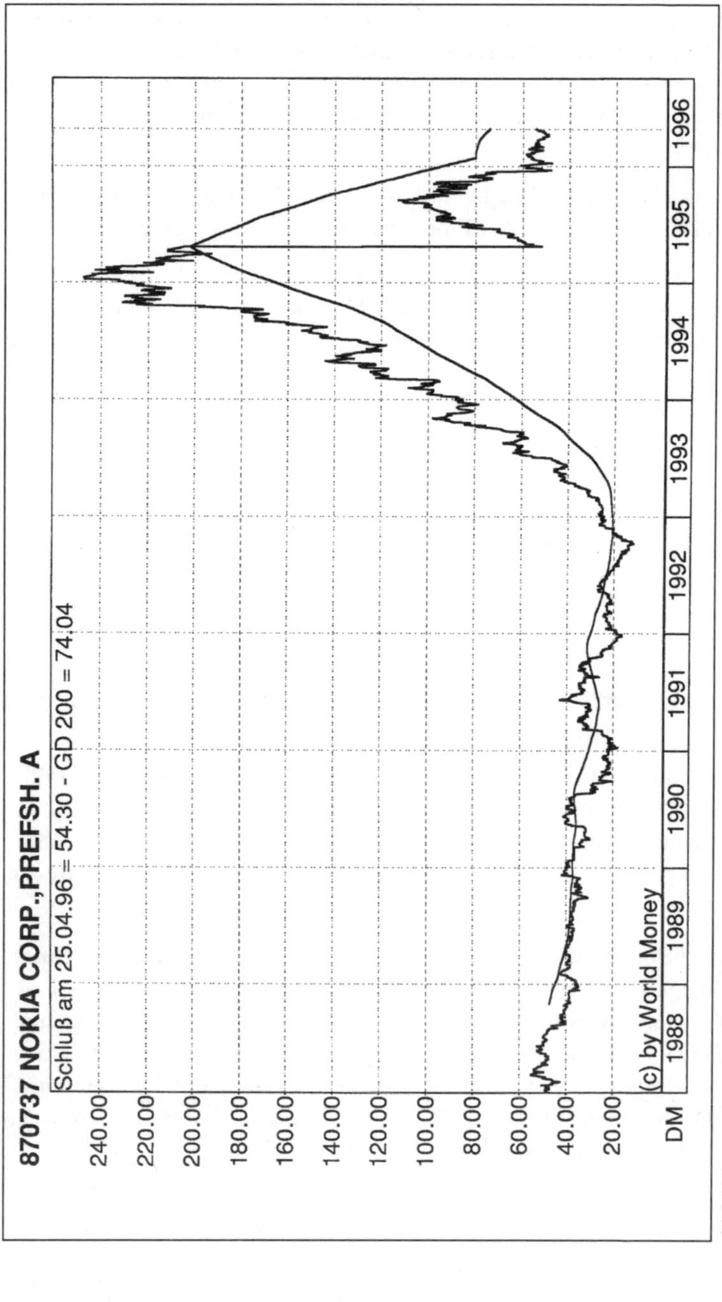

Abbildung 11: Nokia-Chart

auch hier konnten die Erwartungen nicht ganz erfüllt werden, da die Handy-Verkaufszahlen in den USA etwas unter den Prognosewerten liegen. Es wird befürchtet, daß diese Entwicklung schnell auf die Marge durchschlägt. Man vermutet, daß Nokia zeitweise Probleme hat, mit dem schnellen Wachstum im Markt Schritt zu halten. Andererseits wurden große Erfolge bei Basisstationen für den Aufbau eines digitalen Telefonnetzes nach GSM-Standard erzielt, denn der Umsatz dabei stieg um nahezu 50 % an.

Nachdem diese Nachrichten bekannt waren, brachen die Aktien auf ca. 160 Finnmark ein und man munkelte, ob das Management des finnischen Unternehmens vielleicht mit der Aufgabe nicht zurechtkommt. Aufgrund dieser Entwicklungen hat sich der Kurs nach einem Topstand von über 300 Finnmark zur Jahresmitte nahezu halbiert und bietet dem spekulativen und antizyklischen Anleger eine gute Einstiegschance, denn Nokia ist ein gutes Unternehmen mit starken Wachstumsaussichten in einem hoffnungsvollen Markt. So wird für die gesamte Branche für 1996/97 ein Wachstum von 30 bis 40 % prognostiziert.

TIP

Anlageempfehlung:
McDonald's

Börsenplätze: New York, Frankfurt
Wertpapierkennummer: 856958

McDonald's ist die weltweit größte und bekannteste Restaurantkette mit über 15 000 Restaurants in 79 Ländern.

Die Aktie von McDonald's stieg von 1984 bis 1994 um durchschnittlich jährlich 19 %. Der Dow Jones stieg im gleichen Zeitraum nur um durchschnittlich 16,1 % und der Standard & Poors-500-Index um 14,4 %.

Von 1984 bis 1994 stiegen die weltweiten Verkäufe um jährlich um 10 % an, wobei das Wachstum außerhalb der USA mit 19 % p. a. überproportional zu diesem Erfolg beigetragen hat.

Geschäftsentwicklung von McDonald's											
Kriterium*	**1984**	**1985**	**1986**	**1987**	**1988**	**1989**	**1990**	**1991**	**1992**	**1993**	**1994**
Netto-erträge	0,49	0,55	0,62	0,72	0,86	0,97	1,10	1,17	1,30	1,45	1,68
angekündigte Dividenden	0,08	0,10	0,11	0,12	0,14	0,15	0,17	0,18	0,20	0,21	0,23
Eigen-kapital	2,47	2,84	3,22	3,86	4,55	4,90	5,82	6,73	7,39	8,12	9,20
Jahres-schluß-kurs	5,75	9,00	10,13	11	12,00	17,25	14,5	19,00	24,38	28,50	29,25

* Angaben in US-Dollar pro Aktie

Ende 1994 hatte das Unternehmen mehr als 529 000 Aktionäre, wobei über 15 % aller Aktien von Angestellten, Franchisenehmern oder Zulieferern gehalten wurden. Der Cash-flow des Unternehmens stieg von ca. 1,3 Milliarden US-Dollar 1990 auf 1,9 Milliarden US-Dollar 1994 an. Im gleichen Jahr gab es in den USA 9 744 McDonald's-Restaurants, von denen allein 7 849 von Franchisenehmern betrieben worden sind. Die amerikanischen Vermögenswerte lagen bei über 6,6 Milliarden US-Dollar.

Die Entwicklungs- und Aufbaukosten einer einzelnen Filiale wurden seit 1990 permanent gesenkt. Lag der Wert in den USA 1990 noch bei 1 556 000 US-Dollar, so wurde 1994 eine neue Filiale bereits für 1 095 000 US-Dollar eröffnet.

Die Verkäufe außerhalb der Vereinigten Staaten stiegen 1984 bis 1994 von 1 936 000 US-Dollar auf 11 046 000 US-Dollar und der operative Ertrag kletterte von 610 Millionen US-Dollar auf 1,1 Milliarden US-Dollar. Die Vermögenswerte außerhalb Amerikas verdoppelten sich von 1990 bis 1994 auf 9,6 Milliarden US-Dollar.

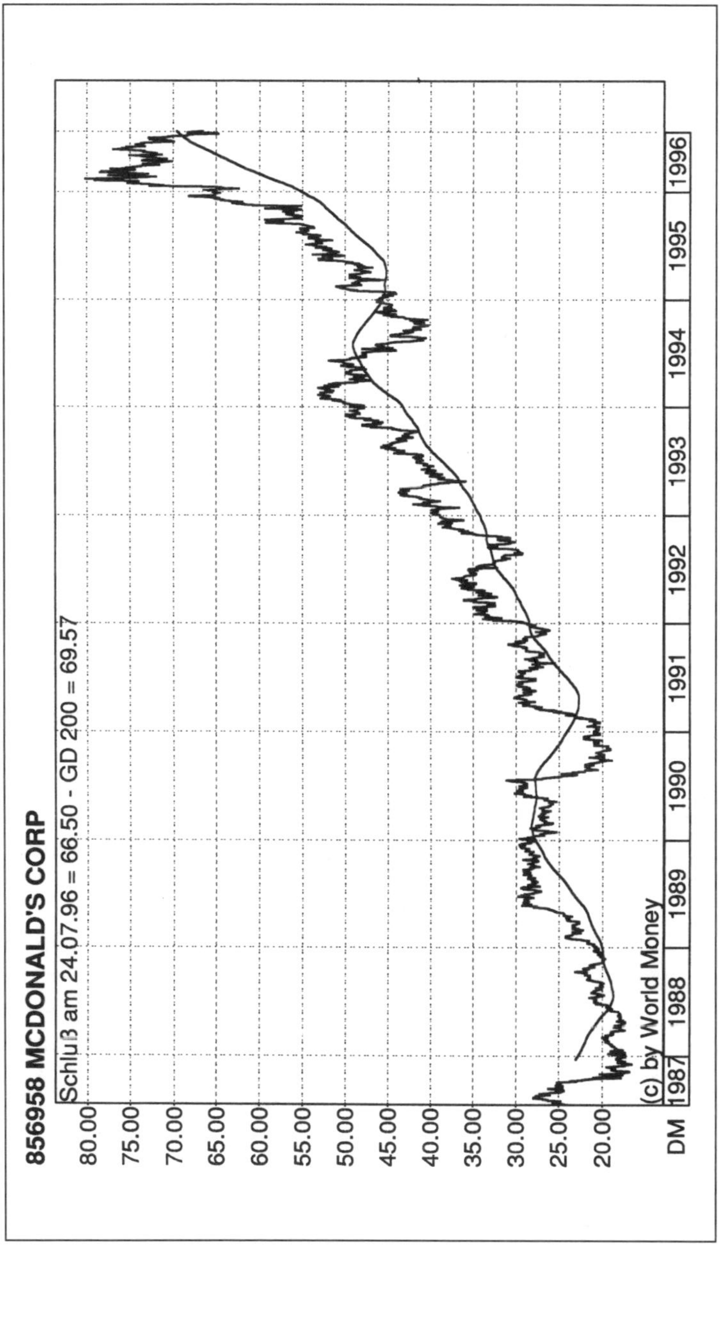

Abbildung 12: McDonald's-Chart

McDonald's Deutschland	
Restaurantentwicklung	
	Restaurants
1975	27
1980	132
1985	226
1990	349
1995	649

Nettoumsatzentwicklung	
	Umsatz: Mio. DM
1975	29
1980	341
1985	661
1990	1 283
1995	2 981

Restaurantinvestitionen	
	Mio. DM
1990	140
1991	160
1992	188
1993	229
1994	263

Personalentwicklung	
	Personal
1975	1 800
1980	8 500
1985	15 000
1990	26 000
1995	37 500

1955 eröffnete der Firmengründer das erste Restaurant in den USA. 1971 wurde die erste Filiale in Deutschland in München eröffnet. 1995 erreichte McDonald's Deutschland im Jubiläumsjahr einen Nettoumsatz von 2,98 Milliarden DM und 1,4 Millionen Gäste kamen Tag für Tag in die deutschen McDonald's-Restaurants. Auf ein Jahr hochgerechnet war eine halbe Milliarde Menschen allein bei McDonald's Deutschland zu Gast.

1995 wurden 81 neue Restaurants eröffnet, so daß zum Jahresende das gelbe „M" bereits an 649 Orten in Deutschland vertreten war. Die Restaurantinvestitionen erreichten ein Volumen von 265 Millionen DM (inkl. Restaurantneueröffnungen).

McDonald's Deutschland bezieht die Zutaten fast ausschließlich von deutschen Produzenten, die entsprechend häufig von Lebensmittelfachleuten und unabhängigen Prüfungslabors überwacht werden. Jedes McDonald's-Restaurant bietet ungefähr 60 neue Arbeitsplätze und deutschlandweit werden 37 500 Mitarbeiter beschäftigt. Die gewaltige Dimension des Unternehmens soll einmal an ein paar einfachen Zahlen verdeutlicht werden. Während einer Aktion, den sogenannten „China-Wochen", wurden in Deutschland 700 Tonnen Shrimps und 28 Millionen Frühlingsrollen verkauft.

Mittlerweile gibt es 259 Instore-Restaurants (McDonald's Restaurants, die in bestehende Gebäude integriert sind) und 390 Mc-Drive-Restaurants. Insgesamt 564 Restaurants sind in den alten und 85 in den neuen Bundesländern. Dabei hat das Unternehmen in Deutschland einen Bekanntheitsgrad von fast 100 % erreicht.

6.4 Sonstige Anlageformen

6.4.1 Versicherungen

Die klassische Form der Geldanlage über eine Versicherung ist die sogenannte Kapitallebensversicherung, die früher häufig als Altersvorsorge abgeschlossen worden ist. Das Motiv hat jedoch stark abgenommen und deshalb ist das Interesse an der Kapitallebensversicherung allgemein auch stark zurückgegangen. Dazu sind die Lebensversicherungsgesellschaften schon seit Jahren in den schlechten Sog der Konjunktur gekommen, der durch steigende Arbeitslosenzahlen einerseits und erhöhte Steuern und Sozialabgaben andererseits immer weiter verstärkt wird.

Es kommt aber noch ein weiterer wichtiger Aspekt dazu. Viele Anleger haben keine Lust, in einen solch langfristigen Vertrag zu investieren, da die Qualität der Rückzahlungswährung noch nicht feststeht. So ist es denn auch nicht verwunderlich, daß seit 1994/95 das Geschäft und damit auch die Beitragseinnahmen deutlich rückläufig sind. Die Kapitallebensversicherung ist von dieser Entwicklung besonders betroffen, da sie einen Anteil von 70 % am gesamten Lebensversicherungsmarkt hat.

Schwung kam für diese Kapitallebensversicherung in den letzten Jahren nur aus der Verbindung mit teilweise steuersparenden Einzahlmodellen.

Mit der Umstellung auf den Euro werden zunächst alle Nominalbeträge entsprechend der Währungsparität umgestellt, d. h., die Versicherungssummen, Prämienrechnungen und auch die Überschußleistungen werden dann auf Euro lauten. Damit ist das buchungstechnische Problem schnell beseitigt.

Es muß jedoch darüber nachgedacht werden, in welche Anlageformen die Versicherungen selber ihre Gelder investieren. Gerade die deutschen

Versicherungsgesellschaften sind immer zu einem hohen Anteil in festverzinslichen Wertpapieren investiert. Das liegt an der deutschen Gesetzgebung, die den Versicherungen gewisse Anlageprinzipien und darüber hinaus auch gewisse Anlageformen vorschreibt. Meistens werden längerfristige Laufzeiten von Versicherungen erworben, da die überlassenen Gelder aufgrund der langen Vertragslaufzeiten auch für entsprechend große Zeiträume zur Verfügung stehen.

Denkt man als Anleger heute über die Variante der Kapitallebensversicherung nach, so gibt es nur zwei denkbare Fälle. Entweder man besitzt bereits einen solchen Vertrag und steht nun vor der Entscheidung, ob man diesen aufkündigt oder weiterlaufen läßt. Die andere Möglichkeit besteht darin, daß man noch keinen Vertrag hat und jetzt über einen Neuabschluß nachdenkt.

Szenario A

Kommt der Euro als stabile Europawährung, so ergibt sich daraus für den Anleger, der heute bereits eine Lebensversicherung hat, kein aktueller Handlungsbedarf. Das Ausmaß der Geldentwertung ist vor diesem Hintergrund recht gering, was dieser langfristigen Anlage zugute kommt. Die bisher eingezahlte „harte" DM wird umgerechnet in eine harte Europawährung und schließlich, am Ende der Laufzeit (oder im Versicherungsfall), auch in dieser ausgezahlt. Der Neuabschluß ist in Erwartung einer solchen EWWU ohne Nachteile.

Gerade in diesem Stabilitätsszenario ist eine DM-Lebensversicherung aus heutiger Sicht empfehlenswert, da Währungen außerhalb des umzustellenden Währungsblocks in diesem Umfeld eine negative Entwicklung im Vergleich zur DM nehmen werden. Der Anleger in Währungslebensversicherungen wird so über entsprechende Kursverluste sein Ergebnis verwässern.

Szenario B

Die Grundaussage dieses Szenarios besteht in steigenden Zinsen für den Fall eines großen und heterogenen Teilnehmerkreises.

Die Versicherungsgesellschaften sind größtenteils in mittel- bis langfristigen Zinspapieren investiert, die in diesem Fall beträchtliche Kursabschläge hinnehmen müssen. Diese Verluste werden abgefedert, indem die Gesellschaften die Wertpapiere nicht zum niedrigen Kurs veräußern müssen, sondern am jeweiligen Laufzeitende die Rückzahlung zum Nennwert, also zu 100 %, erhalten. Bei dieser Vorgehensweise schreiben die Versicherungsgesellschaften diese „vorläufigen Verluste" am Jahresende ab und bilden dadurch sogenannte stille Reserven. Die Abschreibungen führen weiter dazu, daß sich der Jahresüberschuß der Gesellschaft im entsprechenden Jahr deutlich reduziert. Die Gewinnüberschüsse sinken, und die Kunden werden eine gewisse Unzufriedenheit darüber äußern. Ob und wie die Assekuranz diese zwischenzeitliche Durststrecke überwindet, ist heute noch nicht abzusehen. In der Vergangenheit folgten die Gesellschaften gerade in hektischen Kapitalmarktlagen verstärkt dem Prinzip der Risikostreuung. Neben festverzinslichen Wertpapieren können die Versicherer auch begrenzt Aktien oder Immobilien erwerben. So konnten die Erträge trotz aller Unruhen relativ konstant gehalten werden. Ein aktives Management der Vermögenswerte kann dann den noch verbleibenden Schaden ebenso minimieren wie der gestattete Rückgriff auf die freien Mittel der Rückstellung für Beitragsrückerstattung, kurz RfB genannt. Die Prämieneinnahmen, die dem Unternehmen während der Hochzinsphase zufließen, werden dann selbstverständlich entsprechend höher verzinslich angelegt, so daß sich hieraus kein direkter Nachteil für den Kunden ergibt.

Vor diesem unsicheren Szenario ist es nur allzu verständlich, daß sich momentan die Inhaber von Kapitallebensversicherungen Gedanken über eine vorzeitige Kündigung des Vertrages machen. Ein kleinerer und oftmals sinnvollerer Schritt als die vorzeitige Kündigung ist die Laufzeitverkürzung. Sie bietet sich an, wenn die Lebensversicherung zu einem Zeitpunkt nach Einführung der dritten Stufe der EWWU fällig wird. Unter gewissen Voraussetzungen kann das Fälligkeitsdatum vorgezogen werden. Selbstverständlich vermindern sich dadurch Ablaufleistung und Versicherungssumme entsprechend der Laufzeitverkürzung. Bei vielen Verträgen muß darauf geachtet werden, ob die Laufzeit mindestens schon zwölf Jahre beträgt, da anderenfalls die Steuerfreiheit der Rückzahlung erlischt.

Wer sich mit dieser Möglichkeit nicht anfreunden kann, dem bleibt nur noch die vorzeitige Kündigung, die sich in vielen Fällen allerdings nicht lohnen wird. Zurückzuführen ist dies unter anderem darauf, daß die Gesellschaften in einem solchen Fall hohe Stornokosten berechnen und darüber hinaus die sogenannten Rückkaufswerte äußerst gering sind. In der Folgerechnung muß man sich als Kunde überlegen, zu welchem Zinssatz man den vorzeitig erhaltenen Betrag heute anlegen kann und ob der daraus resultierende Mehrertrag auch tatsächlich die entstandenen Verluste überkompensiert. Beim aktuellen Zinsniveau wird das mit Sicherheit nicht möglich sein und ein Anstieg, der eine solche Vergleichsrechnung attraktiv werden lassen würde, ist vorläufig nicht abzusehen.

Ein weiterer „Haken“ bei der vorzeitigen Kündigung kann sein, daß an die Hauptversicherung gekoppelte Zusatzversicherungen wertlos werden und sämtliche Rechte daraus ab dem Kündigungstermin verfallen. Die Kosten für einen Neuabschluß der untergegangenen Versicherungsart müssen selbstverständlich in einer Vergleichsrechnung ebenfalls berücksichtigt werden.

Eine weitere Möglichkeit besteht darin, daß man sich einfach den Vertrag beitragsfrei stellen läßt und die Laufzeit verkürzt. Auch bei dieser Vertragsumgestaltung ist eine objektive Vergleichsrechnung unerläßlich.

Als Alternative zu diesem Szenario wird bei Neuabschlüssen oftmals eine Fremdwährungspolice, bevorzugt im Schweizer Franken, angeboten. Die richtige Alternative kann dies allerdings auch nicht sein, denn das aktuelle Zinsniveau der Schweiz liegt gut 2 bis 2,5 Prozentpunkte unter dem der DM. Bei einer langlaufenden Lebensversicherung müßte es demzufolge zu einer enormen Aufwertung des Franken im Vergleich zur Eurowährung kommen. Dies erscheint eher unrealistisch (siehe dazu auch Kapitel 6.1.3).

Szenario C

Geht der Anleger von einer Verschiebung der Währungsunion aus, so entsteht, ähnlich wie in Szenario A, kein akuter Handlungsbedarf.

Durch die Verschiebung werden zahlreiche Verträge noch in DM fällig und zurückgezahlt, so daß man bei Besitz eines solchen Vertrages auf keinen Fall überteilte Handlungen einleiten sollte. Liegt der neue Zeitpunkt dann einmal definitv fest, so kann man sich entsprechend Szenario A oder B wieder ausrichten, je nachdem von welchem Teilnehmerkreis man ausgeht.

Einzig für bestehende Fremdwährungspolicen kann eine Verschiebung nachteilig sein, weil dann eventuell ein Rücktausch der entsprechenden Devise aufgrund einer DM-Aufwertung nur mit Verlusten im Verhältnis zum heutigen Devisenkurs möglich ist. Plant der Anleger den Neuabschluß einer Kapitallebensversicherung, so sollte er in der DM bleiben, denn sie bleibt in diesem Szenario noch einige Zeit bestehen und Fremdwährungspolicen stellen keine klassisch-konservative Alternative dar. Eine Lebensversicherung auf eine ausländische Währung kann nur dann akzeptiert werden, wenn neben der Absicherung des Todesfalls auch eine Währungsspekulation gewünscht ist. Dies ist jedoch eine ungewöhnliche Mischung und kann über andere Konstellationen reizvoller gestaltet werden.

In den letzten Jahren ist die Direktversicherung immer mehr in den Vordergrund gerückt. Sie wird teilweise vom Arbeitgeber gegen Gehaltsumwandlung bestritten. Für diese Versicherungsart gibt es keine echte Alternative, da ihr eine spezielle steuerliche Konstruktion zugrunde liegt. Löst der Arbeitnehmer die Direktversicherung vorzeitig auf, so verliert er die Vergünstigungen. Die Sachversicherer bieten in den letzten Wochen und Monaten in ihren Beratungen immer häufiger langlaufende Verträge an. Sie gewähren dem angehenden Neukunden Preisnachlässe in Höhe von 10 bis 15 % des Originalbeitrages.

Diese Vorgehensweise hat Methode, denn das Vertragsverhältnis ändert sich durch die Einführung einer einheitlichen Währung nicht. Der Vertragspartner bleibt gleich, die Prämienzahlung erfolgt in Euro und im Umkehrschluß wird auch in Euro geleistet. Zahlreiche „Versicherungsdiscounter" bieten heute schon deutlich günstigere Jahresverträge an. Für den Anleger hat dies den Vorteil, daß er sich jederzeit neu erkundigen kann und bei guten Angeboten, die mit der wirtschaftlichen Vereinigung Europas kommen werden, nicht an einen langfristigen Altvertrag gebunden ist.

6.4.2 Renten

Viele ältere Menschen sehen dem Euro ängstlich entgegen und hoffen, daß die neue Währung eine ähnliche Stabilität wie die DM aufweisen wird. Das ist nur allzu verständlich, wenn man bedenkt, daß jahrzehntelang die Beiträge in der harten DM geleistet worden sind.

Die ohnehin fast leeren Rentenkassen bilden keine allzu große Gefahr, da, getreu dem Motto „Von der Hand in den Mund“, die Einzahlungen direkt wieder ausgezahlt werden und ein Liquiditätspolster nur für drei Monate vorgehalten wird.

Gerade den Rentenempfängern der nächsten Jahre sind die Politiker in ihren Entscheidungen besonders verpflichtet, denn sie sind auf eine weiterhin stabile Währung angewiesen und können nicht die Auszahlart beliebig verändern oder den „Vertrag“ vorzeitig kündigen und das Guthaben anderweitig disponieren.

Bis zum Jahr 2000 werden sich die jährlichen Ausgaben der gesetzlichen Rentenversicherung auf über 300 Milliarden DM belaufen. Schätzungen zufolge wird im Jahr 2030 die gesetzliche Rente fast 50 % des Bruttoinlandsproduktes betragen, der Beitragssatz wird auf fast 30 % gestiegen sein und je zwei Erwerbstätige finanzieren einen Rentenempfänger.

6.4.3 Kreditmärkte

Für Kredite gelten prinzipiell die gleichen Umstellungsregelungen wie für Vermögenswerte. Bezüglich Laufzeit und Zinssatz gibt es keine Änderungen, lediglich die Nominalbeträge (Kreditbeträge und Ratenzahlungen) werden entsprechend den festgelegten Wechselkursen umgerechnet. Der Kreditnehmer macht durch die Einführung der dritten Stufe der EWWU nominal keine Gewinne oder Verluste.

In Deutschland sind die Kreditzinsen auf einem historisch sehr niedrigen Stand. Seit Bestehen der Bundesrepublik gab es nur sehr vereinzelt solch niedrige Zinsen für Kreditaufnahmen. Der alte Bankensatz, der da besagt in Niedrigzinsphasen soll sich der Kreditnehmer so lange wie möglich binden, behält auch heute seine Gültigkeit. Das gilt unabhängig von der Einschätzung zur kommenden europäischen Entwicklung. Das Zinsniveau wird sich auf mittlere bis lange Sicht eher verteuern.

Viele Kredite werden zur Wohnungsbaufinanzierung aufgenommen. Aus diesem Grund sind zu diesen Krediten auch einige spezielle Überlegungen angebracht. Soll ein Renditeobjekt kreditfinanziert werden, so ist zu beachten, daß aufgrund der schlechten konjunkturellen Entwicklung viele Bürger nur geringe bis keine Einkommenssteigerungen zu erwarten haben. Für den Vermieter heißt das, daß die Mieteinkünfte, wenn überhaupt, nur in sehr geringem Umfang steigen können. Bei einer kurzfristigen Finanzierung kann es dazu kommen, daß die Darlehensverlängerungen nur zu deutlich höheren Zinsen erfolgen können und die Mietsteigerungen dies nicht kompensieren.

Diese Überlegung gilt selbstverständlich auch für den selbstnutzenden Bauherrn. Steigen dessen Einkünfte nicht an, so kippen die erhöhten Zinsen die ganze ursprüngliche Rechnung.

Die gleichen Berechnungen müssen selbstverständlich auch für den Immobilienerwerb im EU-Ausland angestellt werden, denn die gesamte Eurokonjunktur läuft nicht besonders gut. Dies muß bei der Berechnung der zu erwartenden Rendite mit in Betracht gezogen werden. Schlechtere Wirtschaftsaussichten in einem vereinten Europa lassen überdurchschnittliche Wertsteigerungen für Immobilien als eher unwahrscheinlich erscheinen. Vor allem sollte man vermeiden, aus einer subjektiven Europapanik heraus zu hohe Einstiegspreise zu zahlen.

Es kann durchaus passieren, daß der Anleger oder Selbstbezieher schon recht kurzfristig, d. h. innerhalb der ersten zehn Jahre, in die Situation kommt, die Immobilie verkaufen zu wollen (oder müssen). Dann ist es durchaus üblich, daß der Käufer das Objekt mit dem bestehenden Darlehen übernimmt und so von den zuvor ausgehandelten niedrigen Zinsen profitiert. Dieser Vorteil versetzt im Umkehrschluß den Verkäufer wieder in eine bessere Verhandlungsposition.

Szenario A

Der Kreditnehmer unterstellt nur geringfügig steigende Zinsen. Unter dem Gesichtspunkt kann er auch Kredite aufnehmen, die nur eine ungefähr fünfjährige Zinsbindung aufweisen. Aus den dargestellten Gründen ist es aber auch nicht verkehrt, sich schon heute für längere Zeit zu binden. Muß ein großer Kredit mit entsprechend langer Laufzeit aufgenommen werden, so ist in diesem Szenario in fünf Jahren mit leicht höheren Zinsen zu rechnen. Diese kann man durch entsprechend lange Laufzeiten verhindern.

Szenario B

Der Anhänger dieses Szenarios muß in absehbarer Zeit mit einem deutlich erhöhten Zinsniveau rechnen. Deshalb ist eine möglichst langfristige Bindung von zehn Jahren oder länger die einzig vernünftige Handlungsalternative. Bei kürzeren Bindungsfristen läuft man Gefahr, zu deutlich erhöhten Zinsen verlängern zu müssen.

Szenario C

Eine mittelfristige Zinsbindung ist nur dann akzeptabel, wenn man von einer Verschiebung der europäischen Währungsunion und somit von einem in fünf Jahren wieder niedrigen Zinsniveau ausgeht. Das Ergebnis einer zeitlichen Verzögerung ist für das Zinsniveau ähnlich dem Ergebnis aus Szenario A, wenn auch in Szenario C ein noch niedrigerer Zinssatz erwartet wird.

Eine große Unsicherheit bleibt in jedem Fall. Trotz aller theoretischen Denkmodelle und Berechnungen ist es beim heutigen Stand der Diskussion unmöglich, die Auswirkungen der europäischen Einigung auf die Zinssätze exakt zu prognostizieren. Man sollte sich genau überlegen, ob man auf diesem niedrigen Zinsniveau nicht auf jeden Fall vorsorglich langfristige Krediteverträge abschließt, um dann in aller Ruhe die Währungsunion und ihre Auswirkungen abzuwarten. So befindet man sich auf jeden Fall auf der sicheren Seite.

Neben der europäischen Frage wird der deutsche Zinsmarkt aber auch wesentlich vom Verhalten ausländischer Kapitalanleger beherrscht. Sie sind es, die in Deutschland die wirklich hohen Summen verwalten und somit indirekt auch den Markt steuern. Außerdem hängen die deutschen Zinsen stark am amerikanischen Markt. Kommt es zum vielfach prognostizierten Aufschwung in der amerikanischen Konjunktur, so ziehen als Folge davon zunächst einmal die Zinsen im US-Dollar-Raum an. Diese erhöhten Zinsen haben zur Folge, daß auch die DM-Zinsen wieder steigen werden, denn die Währung muß international interessant gehalten werden. Anleger, die diese Überlegungen nachvollziehen können, sollten sich bei Krediten ebenfalls langfristig binden, denn neben den Anlegerzinsen steigen selbstverständlich auch die Hypothekenzinsen wieder an. Rein aus der wirtschaftlichen Betrachtung müßte man als Vermieter dann auch wieder höhere Mieten fordern können. Es bleibt aber die Frage offen, ob der Markt aufgrund der realwirtschaftlichen Entwicklung tatsächlich höhere Mieten bezahlen kann.

7. Immobilien

7.1 Die Wohnimmobilie

Es macht Sinn, heute über eine Wohnimmobilie nachzudenken. Ein Blick auf das Zinstableau der Hausbank zeigt deutlich, daß Deutschland zur Zeit in einer ausgeprägten Niedrigzinsphase ist und der Häuslebauer sich mit einer langfristigen Finanzierung schon ein gutes Fundament für die Gesamtplanung legen kann. Dies ist um so wichtiger, als in absehbarer Zeit wieder mit einem Anstieg der Inflation zu rechnen ist. Sollten die Zinsen vom jetzigen Niveau aus trotzdem noch sinken, so werden in der langfristigen Betrachtung die Zinsen nicht unter dem derzeitigen Niveau liegen.

Die Preisentwicklungen von Wohnimmobilien sind immer nur schwer prognostizierbar. Für die Zeit bis zur EWWU sollte man allerdings beachten, daß sich die Immobilienpreisentwicklung in den letzten Jahren an anderen, wesentlichen Faktoren orientiert hat und nicht an der geplanten europäischen Entwicklung.

Zukünftig werden diese anderen Faktoren weiterhin eine wichtige Rolle spielen. Ein leichtes Anspringen der Konjunktur und somit auch der erzielbaren Mieten wird ein stärkerer Impulsgeber für Immobilien sein als die EWWU. Gleichfalls positive Anstöße können von einem starken Fortschritt in preiswerteren Bauweisen kommen.

Bei Auslandsimmobilien wird die Einschätzung noch schwieriger, denn der Investor muß offensichtlich nicht nur die Wechselkursentwicklung einkalkulieren, sondern auch Kenntnis von der Mietrendite und den üblichen Nebenkosten im gewünschten Gebiet haben. In diesem Zusammenhang ist es wichtig, auf die steuerlichen Unterschiede hinzuweisen und hier exemplarisch auf die abweichenden Regelungen der Spekulationsgeschäfte. In vielen europäischen Ländern sind Wertgewinne beim Wiederverkauf der Immobilie steuerpflichtig und somit muß ganz anders kalkuliert werden als in Deutschland, wo Veräußerungsgewinne nach einer zweijährigen Frist steuerfrei sind.

Bei der Finanzierung des Objekts ist auch die Unterscheidung wesentlich, ob die Immobilie eigengenutzt oder vermietet werden soll, denn danach richtet sich der Anteil der Kreditfinanzierung. Bei einem eigengenutzten Objekt wird verständlicherweise meistens versucht, die Fremdkapitalquote möglichst gering zu halten. Bei Mietobjekten dagegen ist ein recht hohes Fremdkapital-Eigenkapital-Verhältnis gewünscht. Die Frage der Verschuldungshöhe und -laufzeit findet ganz wesentlich ihre Beantwortung in der Durchsicht der drei Szenarien.

7.1.1 Die eigengenutzte Wohnimmobilie

Der deutsche Wohnimmobilienmarkt wird für die Folgejahre rückläufig eingeschätzt. Man geht allgemein davon aus, daß die Zahl der fertiggestellten Wohneinheiten in diesem Jahr deutlich zurückgehen wird. Grundlage für diese Überlegungen sind die Wohnungsbaukredite, die in der zweiten Jahreshälfte 1995 bewilligt worden sind. Für Immobilienbesitzer ist diese Tendenz positiv zu bewerten, denn sie führt einerseits zu einer Stabilisierung der Mieten und hebt gleichzeitig die erzielbaren Verkaufspreise.

Szenario A

Die Stabilitätsgemeinschaft führt zu einem nur geringfügig erhöhten Zinsniveau. Aus diesem Grund ist eine langfristige Zinsbindung aus heutiger Sicht nicht unbedingt sinnvoll, da bei niedriger Inflationsrate ein hoher Verschuldungsgrad nicht besonders gut ist. In Erwartung einer solch starken EWWU kann man eine fünfjährige Zinsbindung gut akzeptieren. Sollte es im überspitzten Fall gar zu einer Deflation kommen, d. h., wird das Geld entgegen aller Erwartungen mehr wert, so ist sogar umgehende Schuldenminimierung das höchste Gebot, denn die Zins- und Tilgungszahlungen in den Folgejahren werden mit „wertvollerem" Geld zurückgezahlt.

Szenario B

Beim weichen EWWU-Szenario mit hoher Teilnehmerzahl kommt es zu einem Zinsanstieg auf breiter Front. Der Anleger, der von dieser Lösung ausgeht, sollte sich heute in der Niedrigzinsphase bei Immobilienerwerb möglichst langfristig binden. Eine Festschreibung für zehn Jahre oder sogar länger macht Sinn. Hier kommt die alte Grundüberlegung zum Tragen, die besagt, je stärker der Inflationsschub ist, um so mehr kommt dies dem Schuldner zugute.

Einige Anleger stehen vor dem Problem, daß eine Immobilie zwar interessant, aber der Erwerbszeitpunkt aus persönlichen Gründen heraus noch nicht ideal ist. Die Immobilie soll erst später, in einigen Monaten oder Jahren erworben werden. In diesem Fall kann der Anleger trotzdem in der aktuellen Niedrigzinsphase ein gutes Fundament legen. Er hat die Möglichkeit, heute einen Bausparvertrag abzuschließen. Je nach Kenntnis des Immobilienpreises, soll die Bausparsumme mindestens 50 % oder mehr der geplanten Finanzierung abdecken. So sichert sich der Anleger das niedrige Zinsniveau in die Zukunft, weil die Vertragsbedingungen (Haben- und Darlehenszinsen) bei Vertragsabschluß unwiderruflich festgelegt werden. Nachteilig bei einem solchen Bausparvertrag ist, daß das angesparte Guthaben nur äußerst mäßig verzinst wird. Doch auch dafür gibt es einen Trost, denn bei Wahl einer anderen Anlageform sind die aktuellen Zinssätze auch nicht deutlich besser. Auf der anderen Seite steht diesem Nachteil der Vorteil gegenüber, daß der Bausparer später vom festgeschriebenen Darlehenszins profitiert, da dieser deutlich unter dem marktüblichen Niveau liegen wird. In Erwartung dieses Szenarios bietet der Bausparvertrag also ganz offensichtlich gute Chancen für den Immobilienerwerber der nahen Zukunft.

Diesem Anleger, der von steigenden Zinsen und somit Inflationsraten ausgeht, sei noch die goldene Regel der Inflationsbekämpfung mit auf den Weg gegeben, die besagt: Sachwerte schlagen Geldwerte. Allein aus diesem Grund ist die Überlegung für eine Immobilie als Inflationsschutz in Erwartung von Szenario B sinnvoll.

Szenario C

Die Verschiebung führt vorübergehend zu Marktirritationen und damit zu einem temporären Anstieg im Zinsniveau. In diesem Fall hat der Anleger keinen akuten Handlungsbedarf, wobei ein kreditfinanzierter Immobilienerwerb auf diesem Zinsniveau in jedem Fall interessant bleibt. Die Grundüberlegungen für das Szenario A gelten im wesentlichen auch hier.

7.1.2 Die Wohnimmobilie als Kapitalanlage

Für den Anleger, der eine Wohnimmobilie in Deutschland als Kapitalanlage erwerben möchte, gelten im wesentlichen auch die zuvor angestellten Überlegungen. Viele Anleger liebäugeln aber mit Immobilienerwerb in europäischen Schwachwährungsländern. Die entsprechenden Möglichkeiten und Auswirkungen werden im folgenden etwas näher beleuchtet.

Vor der eigentlichen Kaufüberlegung muß sich der Anleger die Perspektive der europäischen Bauwirtschaft vor Augen führen, die momentan einen auffälligen Trend zur Auslandsfertigung zeigt. Die Produktivität wird gesteigert, weil die Firmen durch den Arbeitstransfer enorme Personalkosten sparen.

In Deutschland gibt es immer noch zahlreiche Bauvorschriften, die preiswertes Bauen auf hohem Niveau erschweren. Es gibt aber auch zahlreiche Initiativen, die die Bauvorschriften durchforsten, gründlich entrümpeln und anschließend neu festlegen wollen.

Szenario A

Die Schwachwährungsländer werden nicht von Anfang an in der EWWU sein. Somit besitzt die nationale Landeswährung Abwertungspotential gegenüber der Gemeinschaftswährung und ein Währungskredit wird deshalb erst nach erfolgter Abwertung aufgenommen, da man dann mehr Einheiten Fremdwährung im Verhältnis zu einer Einheit Eurowährung erhält.

Szenario B

Der Immobilienerwerb im europäischen Ausland ist heute attraktiver als in Zukunft. Dies ist darauf zurückzuführen, daß heute durch die starke DM ein Wechselkursvorteil besteht. Wartet man die Einführung eines weichen Euro ab, so wird dieser Vorteil mindestens kompensiert, wenn nicht sogar überkompensiert und eventuell in einen Nachteil verändert wird. Die überwiegend südeuropäischen Weichwährungsländer sehnen die EWWU mit möglichst vielen Mitgliedern herbei. Das ist aus ihrer Sicht auch verständlich, denn dadurch wird die seit Jahren inflationsverseuchte Währung gegen eine vergleichsweise stabile europaweite Währung abgelöst und das durchschnittliche Zinsniveau in diesen Ländern wird deutlich sinken.

Szenario C

Bei einer Verschiebung der EWWU haben die Schwachwährungsländer wiederum das Problem, daß ihre Währungen unter enormen Druck geraten werden. Die Auswirkungen und Konsequenzen dieses Szenarios lehnen sich eng an Szenario A an, denn in beiden Fällen werden die Länder nicht von einer Vereinigung der Währungen profitieren können.

Vor dem Immobilienerwerb im Ausland, muß man sich auf jeden Fall über die jeweiligen Marktgepflogenheiten informieren, die hier einmal an zwei Beispielen aufgezeigt werden sollen.

Immobilienerwerb in Spanien

Eine grundlegende Unterscheidung zum deutschen Recht liegt darin, daß das spanische Recht auch beim Immobilienerwerb unter gewissen Voraussetzungen mündliche Verträge als bindend ansieht. Von daher ist es für den Interessenten unerläßlich, sich vor dem Kauf und den entsprechenden Verhandlungen tatsächlich darüber zu informieren, ob beispielsweise Verkäufer und Inhaber der Immobilie die gleiche Person sind. Als Grundlage dafür kann eine bestätigte Grundbucheintragung behilflich sein.

Außerdem muß rechtzeitig in Erfahrung gebracht werden, ob Belastungen auf dem Objekt liegen oder in welche laufenden Verträge es bereits eingebunden ist. Ein wichtiger Punkt beim Teileigentum besteht darin, ob der Vorbesitzer eventuell Rückstände bei der Gemeinschaftskasse oder den öffentlichen Ämtern hat.

Auch wenn mündliche Absprachen teilweise gültig sind, sollte allein schon aus Beweisgründen die Schriftform gewählt werden. Nach Einigung muß man dann darauf drängen, unverzüglich ins Grundbuch aufgenommen zu werden.

Gerade in südeuropäischen Ländern spielt die Bau- und Bodenqualität eine große Rolle bei der Bewertung der Immobilie. Hier können Wertgutachten eine gute Hilfe sein. Es ist nahezu unerläßlich, vor Ort einen erfahrenen und sachkundigen Berater zu haben, der das Objekt auch während des ganzen Jahres pflegt und verwaltet.

Immobilienerwerb in den USA

Der amerikanische Markt unterliegt viel größeren Schwankungen als der heimische Immobilienmarkt und darauf ist der deutsche Anleger größtenteils nicht eingestellt.

In den Staaten kann man sich auch nicht einfach über einen Notar oder das Grundbuch beim Immobilienkauf schützen, denn sie haben nicht die gleiche Funktion wie in Deutschland.

Das gilt in besonderem Maße auch für die Makler, die oftmals nur dem Auftraggeber verpflichtet sind, der im Regelfall mit dem Verkäufer identisch ist.

Die amerikanische Arbeitswelt funktioniert nach dem Prinzip „hire and fire", und das ist auch der Grund dafür, daß Amerikaner traditionell viel häufiger umziehen als Deutsche. Daraus folgt auch, daß die Immobilien nicht für die Ewigkeit errichtet werden und oftmals von minderer Bauqualität sind.

Neben dem Kaufpreis, der in den USA durchschnittlich geringer ist als in Deutschland, sind selbstverständlich auch die laufenden Kosten ein wichtiger Faktor (z. B. Grundsteuer, öffentliche Abgaben, Heizung etc.). Ein erfahrener Marktpartner vor Ort, der eventuell auch die Verwaltung während des Jahres übernimmt, ist absolut notwendig.

Auch in den USA ist die Erstellung eines Wertgutachtens vor Erwerb der Immobilie ratsam (Kostenpunkt ca. 500 DM). Außerdem muß man sich noch über das nähere Umland ausführlich informieren. Sind beispielsweise größere Veränderungen geplant (z. B. Anlage eines Highways, eines Gewerbeparks etc.)?

7.2 Andere Formen der Immobilienanlage

7.2.1 Die Gewerbeimmobilie als Direktanlage

Allgemeine Entwicklungen und Trends

Zunächst einmal muß sich der Investor über seine Ziele klar werden, die er mit dem Immobilienerwerb erreichen will. Ein häufig genanntes Ziel ist die Sicherung des eingesetzten Kapitals durch den Sachwert der

Immobilie. Dies ist besonders in Zeiten hoher Inflation von übergeordneter Bedeutung und mittel- bis langfristig ausgelegt.

Im Gegensatz dazu kann sich der Investor fragen, welchen Ertrag er aus der Immobilie ohne Substanzverlust entnehmen kann, wobei es dabei nicht zu einem Wertzuwachs kommt.

Durch eine spezielle Gestaltung der Mietverträge ist es dem Anleger möglich, den Ertragswert der Immobilie zu steigern. Die bekannteste Form ist der sogenannte indexierte Mietvertrag. Dabei ist das Ausmaß der Mietsteigerung an den Lebenshaltungskostenindex gekoppelt.

Eine Kombination dieser Ziele findet man dann, wenn man eine Immobilie unter Performancegesichtspunkten bewertet. Darunter versteht man bei Immobilien die Wertsteigerung des Objektes zuzüglich des laufenden Ertrages, also der Miete oder Pacht. Die Objekte werden normalerweise nach dem Ertragswert- oder Verkehrswertverfahren bewertet und eine Erhöhung dieses Wertes macht sich erst beim Objektverkauf bemerkbar. Bis dahin kommt es lediglich zum Aufbau sogenannter stiller Reserven.

Ist man sich über das gewünschte Ziel im klaren, ist eine nächste entscheidende Überlegung die Standortfrage. Bei Immobilien unterscheidet man zum einen die Lage innerhalb eines größeren Gebietes, z. B. innerhalb eines Bundeslandes (Makrostandort), und die Lage innerhalb einer kleinen eingegrenzten Region, z. B. innerhalb einer Stadt (Mikrostandort).

Die Anbieter gewerblicher Immobilien geben über diese beiden Faktoren meistens ausführliche Informationen. Der Anleger sollte sie intensiv nachprüfen, denn letztlich hängt davon ganz entscheidend der Erfolg der Investition ab.

Überblick über die Immobilientypen

Beim Kauf einer Gewerbeimmobilie ist neben dem Standort auch die Festlegung auf einen bestimmten Immobilientyp eine der Hauptentscheidungen, die der Investor zu treffen hat.

Handelsimmobilien sind dabei eine häufig auftretende Form. Mit der deutschen Vereinigung konzentrierte sich das Hauptwachstum auf die neuen Bundesländer. Mittlerweile ist dieser Trend fast ausgelaufen, weil auch im Osten ein gewisser Sättigungsgrad erreicht worden ist und zahlreiche Städte und Gemeinden strenge Auflagen und/oder Restriktionen für Neuprojekte haben (Grund: Schutz des Fach- und Einzelhandels). Eine typische Gruppe bilden die Lebensmittelmärkte. Bei dieser Objektgruppe findet man häufig langfristige Mietverträge und bonitätsmäßig unzweifelhafte Handelsketten. Sie sind interessant für Privatinvestoren oder auch Initiatoren von geschlossenen Immobilienfonds. Daneben gibt es noch eine Vielzahl an Fachmärkten mit den unterschiedlichsten Ausrichtungen. Unter einem Fachmarkt versteht man eine Gewerbeimmobilie, in der sich verschiedene Einzelgeschäfte zu einem Komplex zusammenschließen und auf Synergieeffekte hoffen. Die Vorteile dieser Immobilienart sind ähnlich derer bei Lebensmittelmärkten.

Eine zweite große Gruppe bilden die Büroimmobilien. In Deutschland ist dieser Markt im Unterschied zum europäischen Ausland auf viele verschiedene Standorte verteilt, z. B. Frankfurt, Düsseldorf, Hamburg, Stuttgart oder auch Berlin. Die neue deutsche Hauptstadt war mit Abstand der größte Profiteur der Wiedervereinigung und hat in den letzten Jahren einen sehr heißen Markt mit „Tops“ und „Downs“ erlebt. Neben Berlin hat aber auch Dresden viel an Attraktivität gewonnen.

Der Hauptstandort für Büroimmobilien ist in Deutschland das teilweise scherzhaft als „Mainhattan“ bezeichnete Zentrum der Hochfinanz Frankfurt. Hier hat es in den letzten Jahren Mietschwankungen zwischen 50 DM und 100 DM pro Quadratmeter gegeben.

Ein sehr interessanter Markt für Büroimmobilien ist Hamburg, denn die Stadt an der Elbe verfügt über ein stabiles Gefüge mit nur sehr geringen Leerstandsquoten.

Berlin hat die Sonderstellung nach der Wiedervereinigung mit der Funktion als neue gesamtdeutsche Hauptstadt in den ersten Jahren ausgenutzt und eine boomartige Entwicklung der Mietpreise war die logische Folge. Dieser Trend hat sich allerdings in den letzten Monaten deutlich abgeflacht, und es wird immer schwieriger, Topmieten zu erzielen.

Eine wichtige Komponente bei der Bewertung von Büroimmobilien ist der Wertzuwachs. Dies wird auch gerade vor dem Beispiel Berlin sehr deutlich. Dort gibt es gerade im Zentrum einige Lagen, die nicht duplizierbar sind. Von daher kann es Sinn machen, heute eine Immobilie zu erwerben, auch wenn diese zu Beginn nur eine geringe Miete erwirtschaftet. Der Wertzuwachs der Immobilie ist in solchen Toplagen jedoch nicht zu unterschätzen und wird enorm dabei helfen, das Gesamtergebnis des Immobilienengagements positiv zu gestalten.

Neben diesen beiden klassischen Formen an Gewerbeimmobilien gibt es aber noch hoffnungsvolle Nischenmärkte. Dazu zählen auch die Gewerbeparks, in denen sich verschiedene Kleingewerbetreibende in einer Einheit zusammenschließen und durch die räumliche Ansammlung und entsprechende Kooperationen verschiedener Geschäfte versuchen, den Umsatz zu erhöhen.

In den letzten Jahren ist vermehrt ein neuer Gewerbeimmobilientypus in Deutschland aufgetreten. Dabei handelt es sich um eine Mall, worunter man sich ein Einkaufszentrum nach amerikanischem Vorbild vorzustellen hat. Eine gut konzipierte Mall erzielt in der Regel eine sehr hohe Rendite. Notwendige Voraussetzungen dafür sind einige Geschäfte mit Magnetwirkung und eine wirkliche Toplage des Gesamtkomplexes mit ausreichenden Parkmöglichkeiten. Gerade für eine Mall gilt das Motto „no parking – no business“ in besonderem Maße. Es muß außerdem gewährleistet sein, daß das Angebot stark diversifiziert ist. Von der Grundidee her sollen alle Einkaufsbedürfnisse und daneben noch einige andere Bedürfnisse, z. B. Gastronomie und eventuell sogar Freizeit (Kinocenter, Bowlingbahn etc.), in einer Mall abgedeckt werden. Ist das Objekt dann tatsächlich so groß, daß innerhalb der Mall Konkurrenzsituationen erzeugt werden können, so ist das keinesfalls nachteilig zu beurteilen. Eine gute Mall zeichnet sich aber noch durch andere Eigenheiten aus. Ein großer zentraler Aktionsraum darf normalerweise nicht fehlen. Ob, wie in Amerika tatsächlich umgesetzt, dieser mit einer Achterbahn gefüllt werden muß, oder ob dieser Raum nicht einfach für spezielle Themenausstellungen, Musikveranstaltungen oder Vorträge genutzt werden kann, sei einmal dahingestellt. Ein zentraler Aktionsraum bietet in jedem Fall Gelegenheit, dem Besucher neben dem Einkaufs- und Gastronomieerlebnis noch kulturelle Veranstaltungen zu bieten und dadurch die Attraktivität der Mall für die Besucher und damit wieder für die Geschäftsbesitzer bzw. Malleigentümer deutlich zu steigern. Aus dieser Aufzählung ist sehr leicht ersichtlich, daß eine gute Mall ein erfahrenes Spezialmanagement benötigt. Das beste Konzept ist ohne die notwendige Koordination zum Scheitern verurteilt.

Letztendlich verdienen noch die in vielfacher Form auftretenden Seniorenwohnanlagen Beachtung. Ein Grund für die Beteiligung oder den Erwerb von Seniorenwohnanlagen liegt in der demographischen Veränderung der Gesellschaft, aber viele Objekte sind in der Vergangenheit kläglich gescheitert. Gründe dafür sind beispielsweise die starke Konkurrenzsituation durch die sozialen Dienste und die darin kostengünstig eingebundenen Zivildienstleistenden. Ein weiterer Grund für die schlechte Entwicklung ist in der Lage der Objekte zu sehen. Vielfach wurden die Seniorenwohnanlagen auf der grünen Wiese konzipiert. Mittlerweile hat man erkannt, daß die erfolgreichen Anlagen mitten in der City liegen. Bei nüchterner Betrachtung macht das auch Sinn, denn die älteren Leute wollen möglichst kurze Wege und nicht dauernd mit öffentlichen Verkehrsmitteln die für sie interessanten Punkte erreichen.

Kriterien für die Objektauswahl

Die Rendite ist ein Hauptkriterium eines Gewerbeobjektes. Deshalb ist zunächst einmal wichtig zu wissen, welche Faktoren bei der Renditeprognose zu berücksichtigen sind.

Zum einen sind die Regelungen des Mietvertrages von herausragender Bedeutung. Dabei sind besonders die Mieterhöhungsklauseln zu prüfen. Darüber hinaus müssen noch die Mietzusatzkosten geprüft werden, die zu Lasten des Vermieters gehen (z. B. Grundsteuer etc.).

Ein ganz wichtiger Punkt wird dabei häufig unterschätzt. Die Mietzusatzkosten des Mieters sind ebenfalls von entscheidender Bedeutung für die Qualität und damit für die Rendite des Objektes. Der Vermieter kann durch eine gute Gebäudeausstattung die Mietnebenkosten des Mieters minimieren und so sein Objekt attraktiver machen.

Neben diesen Faktoren ist das Alter der Immobilie zu berücksichtigen, da es häufig Rückschlüsse auf eventuell anfallende Renovierungsarbeiten zuläßt.

Auf einen Punkt sei noch ausdrücklich hingewiesen, der wohl am besten mit dem Schlagwort „technische Objektgestaltung" überschrieben wird. Darunter versteht man die Möglichkeit, die räumliche Aufteilung und sogar die Nutzungsart der Immobilie möglichst kostengünstig und kurzfristig ändern zu können. Je flexibler die Immobilie in diesem Punkt ausgerichtet ist, desto attraktiver ist sie für den Investor.

Vor dem endgültigen Erwerb der Immobilie, sollte sich der Anleger in Ruhe einige Fragen selber beantworten. Nur bei einem zufriedenstellenden Ergebnis kann das Investitionsvorhaben weiter betrieben werden.

„Erwerbe ich eine Spezialimmobilie oder ist diese bei Scheitern des geplanten Vorhabens vielleicht auch für andere Investoren interessant?"

Eine Spezialimmobilie ist immer ein höheres Risiko als eine auf vielfache Art und Weise nutzbare Immobilie und muß von daher auch einen deutlich höheren Ertrag erwirtschaften.

„Liegen alle notwendigen Genehmigungen zum Neu- oder Umbau vor oder kann es von dieser Seite her noch Komplikationen und somit kostspielige Verzögerungen geben?"

„Hat die Immobilie eine hohe Bauqualität oder ist schon in der nahen Zukunft mit Renovierungskosten zu rechnen?"

Für einen Privatinvestor bedeutet der Erwerb einer Gewerbeimmobilie ein großes Risiko und er muß sich zunächst einmal darüber im klaren sein, daß eine Gewerbeimmobilie immer „Risikokapital" darstellt und keinesfalls vergleichbar ist mit einer festverzinslichen Anlage oder einer Aktie.

Fällt nach dieser Überlegung das Urteil zugunsten der Gewerbeimmobilie aus, so sollte er sich nicht alleine an diesen großen Markt herantrauen. Für ein erfolgreiches Investment braucht es schon jahrelange Erfahrung. In diesem Gebiet gibt es zahlreiche mögliche Geschäftspartner und nach der Wiedervereinigung sind viele neue und unerfahrene Initiatoren an den Markt getreten. Aber gerade weil der Qualität des Geschäftspartners so große Bedeutung zukommt, darf sich der Anleger hier nicht auf den Erstbesten verlassen. Hat man sich einen Geschäftspartner ausgesucht, so sollte man sich die bisherige Leistungsbilanz, bei Fonds ist das die sogenannte Emissionsbilanz, zeigen lassen.

Ein wichtiges Kriterium ist in jedem Fall die Zwischenschaltung eines Treuhänders. Dieser prüft die Bonität aller Geschäftspartner einerseits und kontrolliert die rechtmäßige Mittelverwendung andererseits.

7.2.2 Fondslösungen – Der leichte Weg zur Beteiligung an Gewerbeimmobilien

Für den Anleger, der aufgrund des hohen Verwaltungsaufwandes oder wegen des notwendigen Mindestkapitals die Direktanlage vermeiden möchte, ist der Kauf von Anteilen an einem Immobilienfonds interessant. Dabei unterscheidet man die beiden großen Gruppen der offenen und der geschlossenen Immobilienfonds. Beide Anlageformen sollten jedoch, wie jedes direkte Immobilienengagement auch, langfristig betrachtet werden.

Offene Immobilienfonds

Bei dieser Fondskonstruktion investieren Kapitalanlagegesellschaften das von den Kapitalanlegern eingezahlte Kapital in Immobilien. „Offen" ist der Fonds, weil die Ausgabe neuer Investmentzertifikate nicht begrenzt ist und somit auch das Volumen des Fonds kein Limit aufweist.

Gewerbeimmobilien werden bevorzugt, aber auch gemischt genutzte Objekte findet man in den Portefeuilles der Gesellschaften. Das gesamte Fondsvermögen muß nicht immer voll in Immobilien investiert werden. Das Gesetz schreibt nur einen gewissen Mindestinvestitionsgrad vor. Das Restguthaben kann auch in Wertpapiere und Liquidität investiert werden. Die Fondsgesellschaften müssen gemäß den strengen Regelungen des Kapitalanlagegesellschaftsgesetzes das Risiko streuen, d. h., es müssen mehrere Immobilien erworben werden, von denen auch nicht eine einzelne wertmäßig übergewichtet sein darf.

Die Rendite der offenen Immobilienfonds liegt auf dem Niveau mittel- bis langfristiger Anleihen, bieten dabei aber einen besonderen steuerlichen Effekt. Die jährlichen Ausschüttungen sind als Einkünfte aus Kapitalvermögen zu versteuern, wobei aufgrund der speziellen Fondskonstruktion oftmals große Anteile der Ausschüttung im Privatvermögen steuerfrei sind. So wird eine sehr attraktive Vorsteuervergleichsrendite erzielt.

Die Kosten für den Anleger sind zweigeteilt. Zum einen gibt es einmalig bei Erwerb der Anteile ein Agio in Höhe von ca. 4 bis 5 %. Dazu kommen noch die laufenden Kosten, etwa die Depotbankgebühr oder auch die Verwaltervergütung. Die laufenden Kosten können im Jahr ca. 0,5 bis 0,75 % ausmachen.

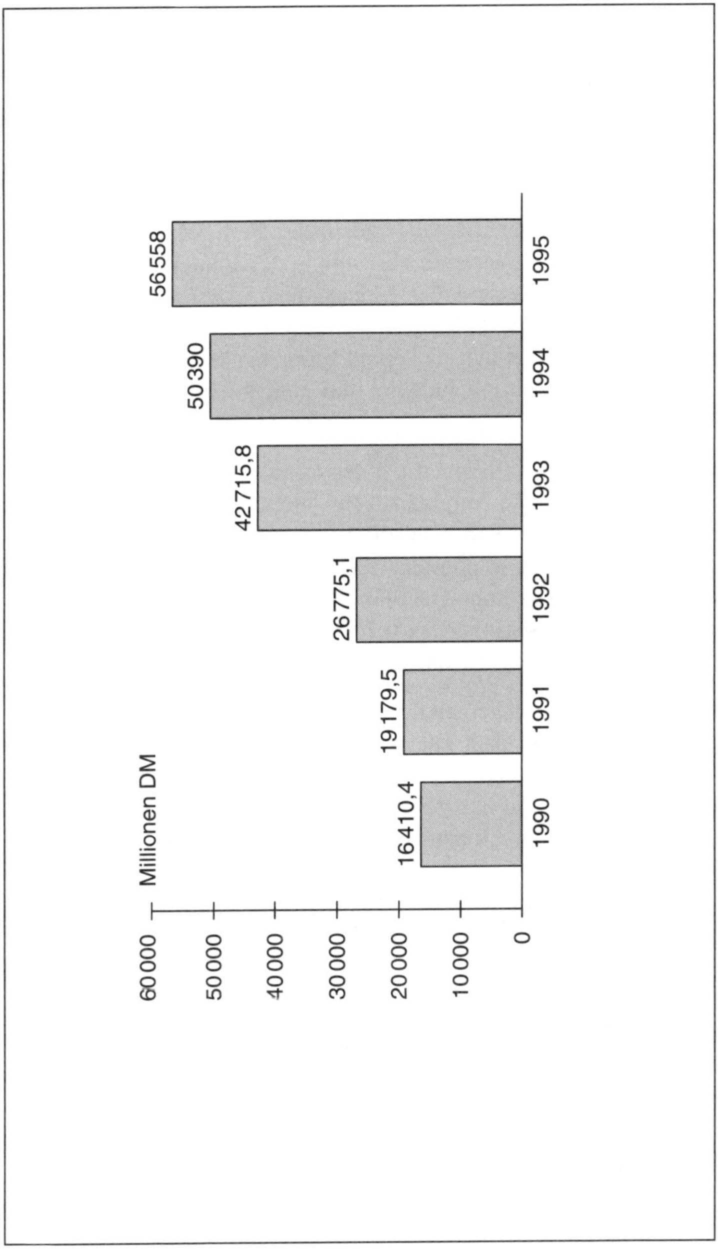

Abbildung 13: Entwicklung der Fondsvermögen der offenen Immobilienfonds

Ein nicht zu unterschätzender Vorteil dieser Anlageform liegt in der täglichen Veräußerbarkeit der Fondsanteile. Sie stellen damit eine äußerst liquide Form der Immobilienanlage dar.

Offene Immobilienfonds bieten vielerlei Vorteile für den Anleger. Zum einen kann er auch mit kleinen Beträgen an der Entwicklung von Immobilienvermögen partizipieren. Im Unterschied zum Direkterwerb einer Immobilie spart er über die Fondslösung Zeit, Arbeit und letztendlich auch Kosten. Die gesamte Verwaltung des Immobilienvermögens wird von einem professionellen Management, der Fondsgesellschaft, übernommen. Der Anleger kann sich so eine wertbeständige und inflationsgeschützte Anlage in sein Depot kaufen, bei der sich in den letzten Jahren stets eine recht regelmäßige und gleichbleibende Entwicklung gezeigt hat.

Die hohe Diversifikation innerhalb des Fonds bietet dem Anleger zusätzliche Sicherheit im Vergleich zum Direkterwerb einer einzelnen Immobilie. Trotz allen Vorteilen sollte auch eine Anlage in einem offenen Immobilienfonds mindestens mittel- oder besser gar langfristig ausgerichtet sein. Die hohe Qualität einer Anlage in offenen Immobilienfonds ist auch darin ersichtlich, daß die Papiere nach heutiger Rechtslage als mündelsicher anerkannt sind.

Aufgrund der hohen Sicherheit der Anteile an offenen Immobilienfonds, werden diese häufig auch zur langfristigen Vorsorge benutzt. Dazu bieten die Fondsgesellchaften Auszahlpläne und Zuwachskonten an, die sich oftmals durch ein hohes Maß an Flexibilität auszeichnen, z. B. können die monatlichen Raten beliebig geändert werden.

Ein weiterer Sicherheitsfaktor der offenen Immobilienfonds sind die Sachverständigen. Diese unabhängigen und zuverlässigen Fachleute prüfen und bewerten die Gebäude und Grundstücke in regelmäßigen Abständen.

Alles in allem bieten offene Immobilienfonds eine gute Alternative für den Anleger, der schon mit kleinen Beträgen an professionell gemanagtem gewerblichen Immobilienbesitz teilhaben möchte und wert auf eine kontinuierliche Wertentwicklung legt. Ein sehr erfolgreicher offener Immobilienfonds soll einmal portraitiert werden.

✎ **TIP**

Anlageempfehlung:
DespaFonds

Wertpapierkennummer: 980950

Einer der größten und erfolgreichsten offenen Immobilienfonds in Deutschland ist der DespaFonds. Er wurde am 03. November 1967 gegründet, und Gesellschafter sind die DekaBank GmbH mit 90 % und die Deutsche Girozentrale-Deutsche Kommunal Bank mit 10 %.

Zum Stichtag 29. Februar 1996 wurde seit Fondsgründung ein Zuwachs von 609,4 % erzielt. Ein Anleger, der vor zehn Jahren Geld eingezahlt hat, verdoppelte seinen Kapitalstamm nahezu. Bei einer Anlage Ende Februar 1991 ergibt sich ein Wertzuwachs in fünf Jahren von etwas über 48 %.

Fondsstruktur zum 31. Dezember 1995

	Vermögensstruktur in %
Geschäftsbauten	45,3
Wertpapiere	30,6
Bankguthaben	15,5
im Bau	7,1
sonstiges Vermögen	0,7
gemischt genutzte Bauten	0,6
Wohnbauten	0,2

DespaFonds-Liegenschaften per 31. Dezember 1995

Standort bzw. Bundesland	Anzahl der Objekte*
Hamburg	7
Niedersachsen	3
Bremen	2
Nordrhein-Westfalen	22
Hessen	34
Rheinland-Pfalz	8
Baden-Württemberg	6
Bayern	8
Sachsen-Anhalt	1
London	4
Den Haag	1

* ohne Objekte im Bau

Kriterien für die Objektauswahl		
Nutzung	Standorte	
Bürogebäude	mit entwicklungsträchtiger privater und öffentlicher Dienstleistungsnachfrage	
	Inland	6 Regionen
	– Nord:	Hamburg / Bremen
	– West:	Düsseldorf / Köln / Bonn
	– Mitte:	Frankfurt
	– Süd:	München / Stuttgart
	– Ost:	Dresden / Leipzig
	– Berlin	
Einzelhandel – kleinteilig – großteilig	generell nach Kaufkraft 1a-Lagen in Städten bis 100.000 Einwohner darüber auch 1b-Lagen etablierte oder regional marktbeherrschende Standorte	
Mischnutzungen (Einzelhandel/Büro)	innerstädtische Einzelhandelslagen	
Kombinationsimmobilien (Büro, Lager, Service)	neue Büro- und Gewerbeparks, ältere Gewerbegebiete mit aufsteigender Tendenz, keine reinen Logistik-Immobilien und -Standorte	
Wohnimmobilien	nur in Verbindung mit Mischnutzung in: a) 1a – 1b Einzelhandelsmärkten b) baurechtlichen Auflagen	
Büro und Einzelhandel	Ausland: nur bei funktionierenden Immobilienmärkten	

Der DespaFonds schüttet jährlich Mitte Dezember aus und im langjährigen Durchschnitt waren ca. 40 % dieser Ausschüttung im Privatvermögen steuerfrei. Ende Februar 1996 verfügte der Fonds über ein Volumen von ca. 11,4 Milliarden DM.

Die Kapitalanlagegesellschaft legt großen Wert auf eine lage- und nutzungorientierte Akquisition der Immobilien in den wirtschaftlichen Ballungsräumen Deutschlands. Daneben sind auch erstklassige Standorte in der EU, z. B. London und die Niederlande, interessant. Bevorzugt werden bereits vermietete Objekte oder Projekte, bei denen es bereits

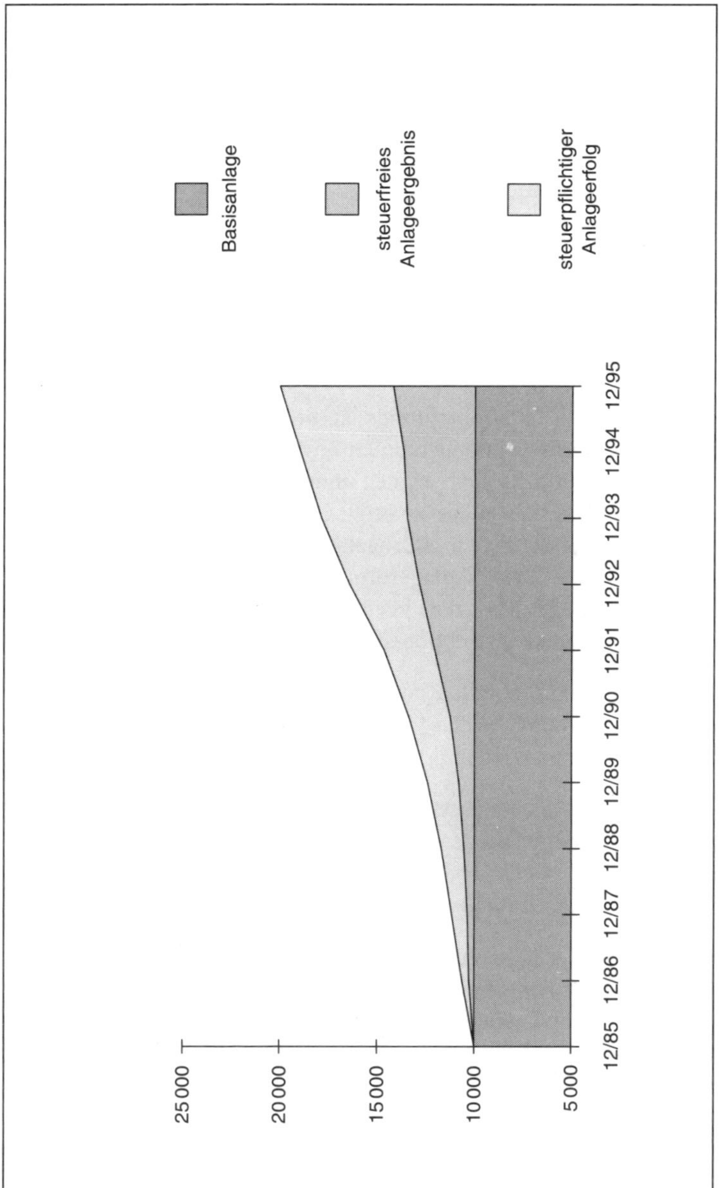

Abbildung 14: DespaFonds-Chart

Vorverträge mit guten Mietern gibt. Als Nutzungsarten kommen hauptsächlich Büro- und Einzelhandelsobjekte in Betracht.

Im Jahr 1995 kaufte die Kapitalanlagegesellschaft zwei fertige Objekte und ein Bauprojekt in Großbritannien im Gesamtgegenwert von 220 Millionen DM und engagierte sich erstmals in den Niederlanden im Volumen von 20 Millionen DM. Daneben wurden in Deutschland für 430 Millionen DM Objekte in Leipzig, Berlin und Eschborn bei Frankfurt erworben. Sieben Objekte, überwiegend ältere Wohngebäude, in einem Gesamtvolumen von 92 Millionen DM wurden 1995 veräußert.

Geschlossene Immobilienfonds

Bei geschlossenen Immobilienfonds ist die Ausgabe der Anteilscheine auf das geplante Investitionsvolumen begrenzt. Eine Mehrausgabe an Anteilsscheinen macht auch keinen Sinn, denn mehr Geld wird für diesen speziellen Fonds nicht benötigt. Geschlossene Immobilienfonds investieren hauptsächlich in Bürogebäude, Gewerbeparks oder auch Hotels. Man findet diese Anlageform in verschiedenen Rechtsformen vor. Für den Anleger besonders geeignet ist der sogenannte KG-Fonds. Alle anderen Rechtskonstruktionen bergen unnötige Risiken.

Die erzielten Einkünfte fallen steuerlich unter die Einkunftsart Vermietung und Verpachtung. Wichtig ist zur steuerlichen Anerkennung noch, daß eine Einkommenerzielungsabsicht nachgewiesen werden kann.

In den steuerlich hochinteressanten Bereichen der Erbschafts-, Schenkungs- und Vermögenssteuer bieten geschlossene Immobilienfonds aktuell noch gute Vorteile. Hier ist aber die weitere Rechtsprechung des BGH bezüglich der Einheitswerte abzuwarten.

Für den Anleger ist es gut zu wissen, daß geschlossene Immobilienfonds zu Beginn des Projektes die Gesamtkosten kalkulieren und diese Kalkulation nur äußerst selten überschreiten. Interessant ist vor allem der Anteil der „weichen Kosten", die oftmals auch als Vorkosten bezeichnet werden. Dazu gehören Planungs- und Vertriebsgebühren sowie unter Umständen das Agio.

Bei der weiteren Prüfung der Objektfinanzierung muß beachtet werden, in welchem Umfang die Finanzierung gesichert ist und ob ein Treuhänder die finanziellen Transaktionen überwacht.

Letztlich muß darauf geachtet werden, in welchem Ausmaß Fremdkapital zur Finanzierung benötigt wird. Je höher der Fremdkapitalanteil an der Finanzierung ist, desto besser sieht das steuerliche Ergebnis für den Anleger aus. Dabei darf aber nicht übersehen werden, daß mit erhöhtem Fremdkapitalanteil auch das Risiko des Gesamtobjektes steigt.

Bei Prüfung der Renditeberechnungen der Fondsgesellschaft ist ein wichtiger Punkt die Gestaltung der Mietverträge. Dabei soll man prüfen, welche Inflationsrate den Beispielrechnungen zugrunde liegt. Ein unrealistischer Durchschnittswert muß hier zur Vorsicht mahnen, denn er führt zu geschönten und unrealistischen Ergebnissen. Desweiteren muß sichergestellt sein, daß der Fonds während der Laufzeit genügend Rückstellungen bilden kann, um das Objekt auch zukünftig in einem guten Zustand erhalten zu können.

Fällt die Prüfung der Renditeberechnung zufriedenstellend aus, so muß sich der Anleger trotzdem darüber im klaren sein, daß in alle Prognosen nur geschätzte Zahlen eingestellt werden können und bei einem Planungshorizont von 15 bis 20 Jahren die Unsicherheit schon recht groß ist.

Die steuerlichen Grundlagen in diesem Bereich sind im Lauf der Jahre durch zahlreiche Urteile gefestigt worden und die Vertragswerke inklusive Treuhandvertrag haben schon fast Standardformat.

7.2.3 Der westdeutsche Immobilienmarkt

Die in den letzten Jahren gesunkenen Finanzierungskosten machen den Markt für Anleger und Käufer sehr interessant.

Der Immobilienmarkt befand sich 1995 am Ende einer etwa zehnjährigen Aufschwungphase. Die Erwartungen auf eine Wiederbelebung der Immobilienkonjunktur mit erneut anziehenden Preisen in der zweiten Jahreshälfte 1995 haben sich nicht erfüllt, wie die neuesten Zahlen eindrucksvoll belegen.

Die Nachfrage nach Grundstücken, Häusern und Eigentumswohnungen ist leicht rückläufig und im Bereich der Neubauten hat sich in den letzten Monaten durch zahlreiche Projektfertigstellungen das Angebot erheblich ausgeweitet. Zum Jahresende 1995 zeichneten sich deshalb leichte Preisrückgänge ab.

Prognosen über den weiteren Marktverlauf sind äußerst schwierig. Ein wichtiger Einflußfaktor, die staatliche Förderung, ist in jedem Fall negativ zu beurteilen, denn hier hat es weitgehende Einschränkungen gegeben. Aufgrund dieser Änderungen kam es in den letzten Jahren auch zu einigen Vorzieheffekten, die heute eine Nachfragelücke entstehen lassen. Die Preise für Wohnobjekte sind in den letzten vier bis fünf Jahren um ungefähr 35 % gestiegen. Großer Spielraum für weitere Preissteigerungen ist unter diesem Gesichtspunkt auch nicht mehr gegeben.

Ein untrügerisches Zeichen für die relativ schlechte Lage am Immobilienmarkt ist, daß Makler über ihre Provisionen verhandeln, um überhaupt noch Geschäfte abzuschließen.

7.2.4 Der ostdeutsche Immobilienmarkt

Häufig liest man in Tageszeitungen oder Illustrierten von Angeboten im ostdeutschen Immobilienmarkt. Unabhängig davon, ob die Immobilie zum Direkterwerb oder als Fondsbeteiligung angeboten wird, müssen einige typische Dinge beachtet werden.

Vielfach klingen diese Angebote sehr verlockend, doch muß ein potentieller Anleger wissen, daß es mittlerweile in fast allen ostdeutschen Städten ein Überangebot an Altbauwohnungen gibt. Die optisch sehr ansprechende Bausubstanz ist allerdings stark heruntergewirtschaftet worden. Die meisten interessanten Objekte sind direkt nach dem Mauerfall und der deutschen Wiedervereinigung entsprechend renoviert worden, so daß sie jetzt in einem guten und teuren Zustand sind.

Viele Anbieter werben heute noch ausführlich mit den Fördervorteilen in den neuen Bundesländern. Dahinter steckt ein Programm der Bundesregierung, nach dem ein Immobilienkäufer Steuervergünstigungen nach dem Fördergebietsgesetz erhält. Dieses Programm sollte ursprünglich nur bis Ende 1994 laufen, wurde dann aber auf Beschluß noch um zwei Jahre verlängert. Soll ein Objekt begünstigt werden, muß es bis spätestens 31.12.1996 angeschafft oder hergestellt worden sein. Die sogenannten „begünstigten nachträglichen Herstellungsarbeiten" müssen ebenfalls vor diesem Datum beendet und Anzahlungen müssen vor dem 01.01.1997 geleistet werden. Die letzte Regelung ist für den Fall relevant, in dem ein Gebäude erst nach dem 31.12.1996 fertiggestellt wird.

Dann gelten Sonderabschreibungen nur für die vor dem 01.01.1997 geleisteten Anzahlungen auf die Anschaffungskosten. In jedem Fall sollte man bei Interesse an steuerbegünstigten Immobilien in Ostdeutschland zuvor über den Steuerberater die aktuellen Fördermöglichkeiten erfragen.

7.2.5 Der außereuropäische Immobilienmarkt

Hier scheint vor allem der US-Markt einige interessante Alternativen zu bieten, da auch die Währungsperspektive stimmt. In den USA kann man sich als Anleger an den unterschiedlichsten Objekten beteiligen. Angefangen vom New Yorker Bürokomplex über die Shopping Mall im Mittleren Westen bis hin zu den ausladenden Wohnanlagen in Miami, Fort Lauderdale oder West Palm Beach bieten deutsche Firmen zahlreiche Objekte zum Kauf oder zur Beteiligung an. Die Wahl des richtigen Partners ist im internationalen Immobiliengeschäft natürlich von herausragender Bedeutung.

Bei der Besteuerung von Immobilien und deren Erträgen trifft man häufig auf bilaterale Doppelbesteuerungsabkommen. Darin ist eine Besteuerungsfreistellung für im Ausland erzielte Immobilieneinkünfte vorgesehen. Es gilt das „Belegenheitsprinzip", demzufolge Immobilien in dem Land besteuert werden, in dem sie liegen. Trotzdem gibt es einen Haken, denn durch den Progressionsvorbehalt werden diese Einkünfte bei der Errechnung des in Deutschland anzuwendenden Steuersatzes berücksichtigt. Somit können die im Ausland erzielten und auch dort zu versteuernden Einkünfte trotzdem die Steuerlast in Deutschland anheben. Strittig ist seit längerem der Fall des negativen Progressionsvorbehaltes, demzufolge ausländische Verluste steuermildernd abgezogen werden könnten. Im Fall von Erbschafts- oder Schenkungssteuer wird die Immobilie meist zum Verkehrswert berechnet, und das kann entsprechende steuerliche Konsequenzen mit sich bringen, zumal in vielen Doppelbesteuerungsabkommen geregelt ist, daß die endgültige Steuerpflicht in diesen Fällen in Deutschland liegt. Für den kapitalstarken Anleger mit einem Interesse an einer hohen Ausschüttung bei möglichst geringem Steuersatz, ist eine solche Immobilie interessant, da beispielsweise in den USA der Spitzensteuersatz deutlich unter deutschem Niveau liegt.

7.2.6 Immobilienspekulation über Aktien

Als immobilieninteressierter Anleger hat man selbstverständlich auch die Möglichkeit, über gezielten Aktienkauf indirekt eine Immobilienspekulation einzugehen. Dafür bieten sich allerdings nur wenige ausgewählte Werte des deutschen Kurszettels an. Eine Aktiengesellschaft hat in den letzten Jahren einen enormen Immobilienbesitz aufgebaut, deren Bestände sehr niedrig bewertet sind und wo auch die Mieteinnahmen durchaus noch steigerungsfähig sind.

TIP

Anlageempfehlung:
WCM Beteiligungs- und Grundbesitz AG

Börsenplätze: Frankfurt, Düsseldort etc.
Wertpapierkennummer: 780100

Die ehemals der IG Farben Liquis zugerechnete und zwischenzeitlich als Württembergischen Cattunmanufactur AG firmierende Gesellschaft mit Sitz in Heidenheim an der Brenz und Verwaltung in Hamburg entwickelte sich in den letzten Jahren beachtlich.

Die AG verfügt über ein gezeichnetes Kapital in Höhe von 318 240 000,– DM. Vom Grundkapital hält der Hamburger Immobilienkaufmann Karl Ehlerding direkt bzw. über seine Familie einen Anteil von 66,5 %.

Bis vor wenigen Jahren war die AG kaum einem größeren Kreis von Kapitalanlegern bekannt und beschäftigte sich überwiegend mit der Verwaltung betriebseigener Vermögenswerte. Ab dann verlief die Entwicklung recht zügig, denn im Rahmen zahlreicher Transaktionen wurde bald eine größere Öffentlichkeit auf das Unternehmen aufmerksam. Wesentlich zur positiven Imagebildung hat die deutliche Abstandnahme von der ehemaligen IG Farben Liquis beigetragen.

Bis heute hat die WCM zahlreiche vielversprechende Beteiligungen aufgebaut, die vielfach über einen gleichen Ansatzpunkt verfügen. Die Gesellschaften verfügen alle über relativ hohen Immobilienbesitz. Für

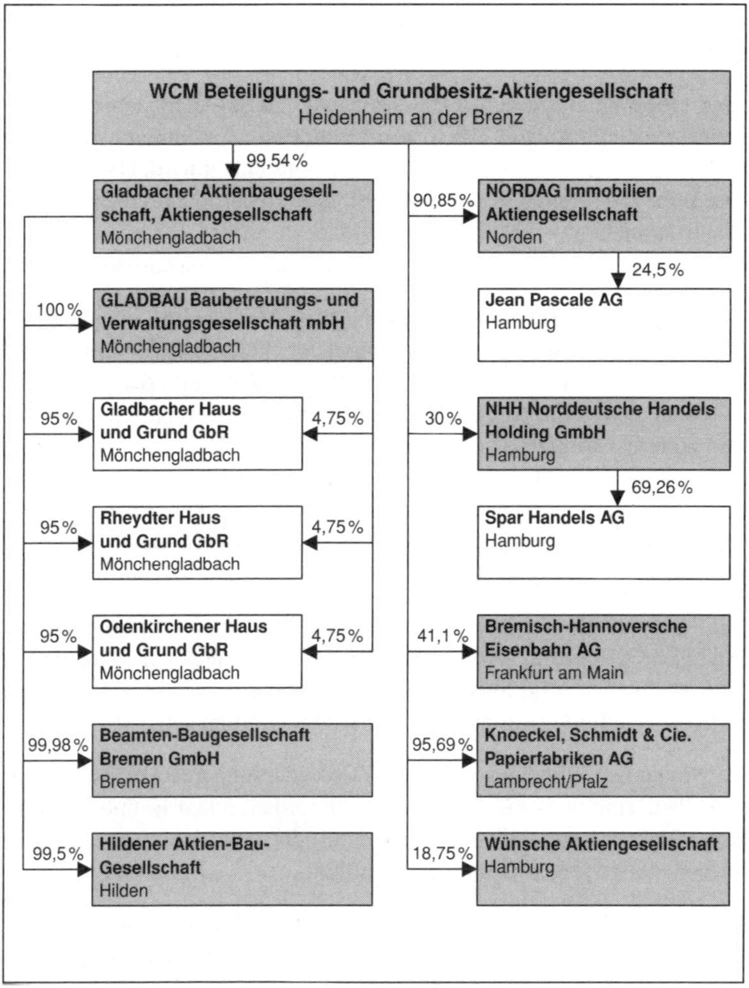

Abbildung 15: Beteiligungen der WCM

das laufende Jahr ist geplant, weitere Beteiligungen aufzubauen und die vorhandenen Potentiale optimal in die gewachsene Struktur zu integrieren.

Eine große Beteiligung hält die WCM AG an der Gladbacher Aktienbaugesellschaft AG (GAB), deren Grundbesitz in Mönchengladbach und Umgebung auf rund 30 Millionen DM geschätzt wird. Dazu kommt eine hohe Beteiligung in Höhe von 99,98 % an der Beamten-Baugesellschaft Bremen, die 124 Millionen DM gekostet hat und in einem Jahr bereits Mieterlöse von rund 23 Millionen DM erwirtschaftete.

Daneben ist die WCM noch an der Nordag AG beteiligt. Hinter dieser Firma verbirgt sich das Grundvermögen der ehemaligen Doornkaat AG in einer Größenordnung von ca. 64 000 Quadratmetern, deren Kerngeschäft an die Berentzen-Gruppe übertragen wurde. Das Grundvermögen und andere Vermögenswerte firmieren unter der Bezeichnung Nordag AG neu, die einen Großteil ihres Vermögens in liquiden Mitteln oder sonstigen Wertpapieren verzinslich angelegt hat. Das große Betriebsgrundstück der ehemaligen Doornkaat AG soll durch die Gesellschaft optimal vermarktet und aktiviert werden.

Die 1995 aufgebaute Beteiligung von über 25 % an der Bremisch-Hannoversche Eisenbahn AG verfolgt die gleichen Ziele, denn auch dieses Unternehmen verfügt über wertvolle Grundstücke. Man spricht davon, daß die Beteiligung auf über 50 % erweitert werden soll.

Im November 1995 übernahm die WCM von der Knoeckel, Schmidt & Cie. Papierfabriken AG nach einer außerordentlichen Hauptversammlung deren nahezu leeren Börsenmantel, der lediglich noch den nicht betriebsnotwendigen Grundbesitz enthielt.

Die Dividendenrendite der WCM-Aktie ist mit 0,35 DM plus 0,15 DM Steuerguthaben außerordentlich hoch. Die letzten Jahre haben gezeigt, daß Kurse unter 10,50 DM stets Kaufkurse waren. Aktuell notiert das Papier nahe dem historischen Hoch bei ca. 13,– DM.

Es ist im Gespräch, daß die Deutsche Vereinigung für Finanzanalysten (DVFA) ihre Analyse-Methode für Aktiengesellschaften mit hohem Immobilienbesitz ändern will. Dadurch würde das sogenannte DVFA-Ergebnis noch deutlich verbessert werden. Die WCM-AG stellt für die Zukunft einen rasch wachsenden Konzern mit positiven Aussichten für den spekulativer eingestellten Immobilienanleger dar.

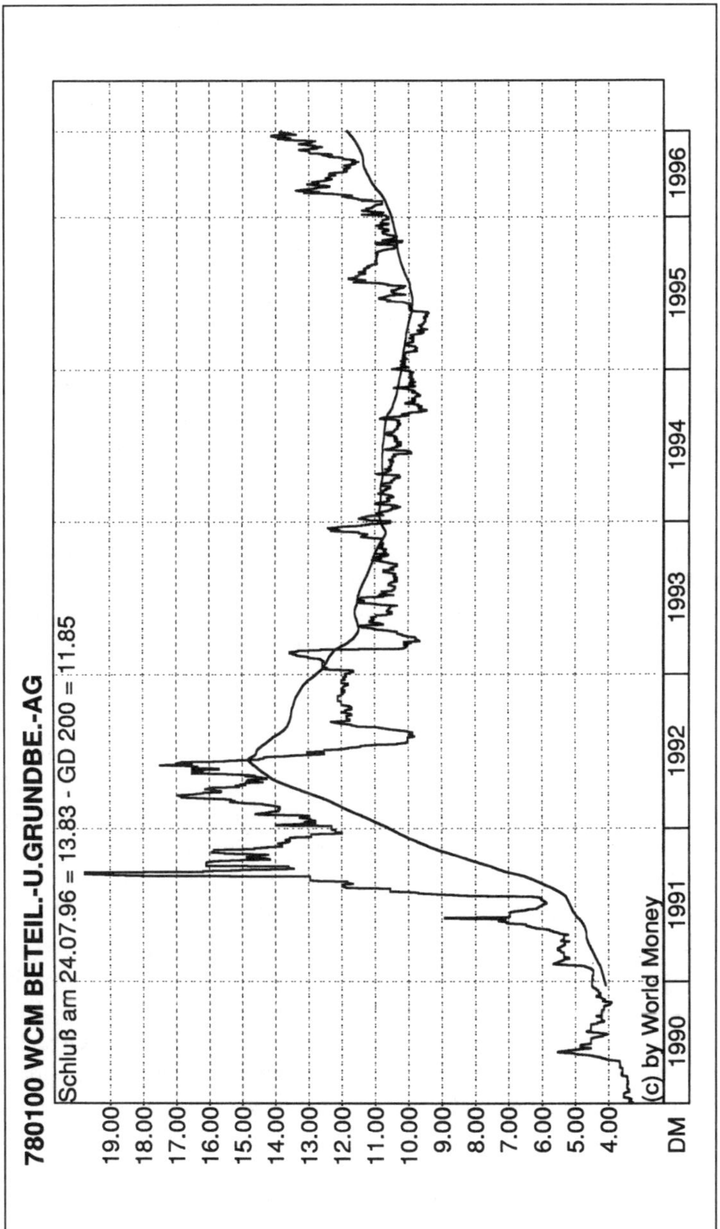

Abbildung 16: WCM-Chart

Der Gewinn der WCM AG lag 1994 bei 0,56 DM je Aktie und wurde 1995 auf ca. 1,– DM je Aktie erhöht, d. h., die AG hat ca. 60 bis 65 Millionen DM vor Steuern verdient. 1994 lag dieser Wert noch bei 34,25 Millionen DM. Hauptursache für die Steigerung der Ertragslage 1995 waren wachsende Mieteinnahmen und in erheblichem Maß Dividendeneinnahmen aus den übrigen Beteiligungen.

Anfang 1996 gehören der WCM AG ca. 11 500 Wohnungen mit insgesamt geschätzten 750 000 Quadratmeter Wohnfläche. Diese Wohnungen sind überwiegend sehr günstig eingekauft. Dazu ein Beispiel: In Hilden wurde der Quadratmeter zu einem Preis von ca. 1 200 DM eingekauft. Zu einem ähnlichen Preis erwarb die WCM AG vor einiger Zeit die Wohnflächen der ehemals gemeinnützigen Wohnungsbaugesellschaften (Gladbacher Akienbaugesellschaft; Beamten-Baugesellschaft Bremen). Bei all diesen Objekten besteht eine Differenz zwischen dem Buchpreis von ca. 1 200 DM und dem tatsächlich erreichbaren Marktwert von ca. 800 DM. Diese Summe wird als stille Reserve mitgeschleppt und baut sich bei steigenden Quadratmeterpreisen immer weiter auf. Rechnet man alleine einmal diesen „Puffer" für die gesamte WCM AG aus, so kommt man auf einen Wert von weit über 500 Millionen DM bzw. 8,50 DM je Aktie. Darin sind noch nicht die Wohnungen mitberechnet, die WCM beispielsweise über andere Beteiligungen (z. B. Wünsche etc.) hält.

Es stellt sich natürlich zurecht die Frage, ob die schlechte Konjunktur nicht die Mieteinnahmen in der nahen Zukunft unter Druck bringt und von daher die schöne Rechnung torpediert. Nach momentanen Stand der Dinge, sieht es allerdings nicht so aus, als ob von dieser Seite Gefahr droht. Die knapp über 100 000 Wohnungen des Unternehmens sind zu fast 100 % vermietet. Für die Kontinuität dieses Trends bei WCM spricht die Tatsache, daß die Mieten zum Teil deutlich unter dem marktüblichen Niveau (ca. 7,50 bis 8,– DM kalt pro Quadratmeter) liegen und deshalb sogar noch Erhöhungspotential aufweisen. Das kommt daher, weil bei einigen Objekten die soziale Bindung noch nicht lange abgelaufen ist und die aus dieser Gemeinnützigkeit kommenden Wohnungen noch lange nicht an das aktuelle Mietniveau herangeführt worden sind. Dies soll selbstverständlich in den nächsten Jahren Zug um Zug aufgeholt werden. Bei einer durchschnittlich erzielbaren Miete von 11 DM auf 750 000 Quadratmeter gibt es, unterstellt ist ein aktueller Mietpreis von 7 DM, ein jährliches Potential von ca. 3 Millionen DM.

Neben dem Immobiliengeschäft ist die WCM AG aber auch im Bereich der Beteiligungen sehr aktiv und über die NHH Norddeutsche Handels-Holding in die Spar AG eingestiegen. Momentan gibt es nur Gerüchte über die Besitzverhältnisse. Der WCM gehören allerdings mindestens 20 % an Spar. Zählt man die indirekten Beteiligungen hinzu, kommt man auf einen deutlich höheren Wert. Daneben gibt es noch Beteiligungen an der Hamburger Textilkette Jean Pascale sowie an dem ebenfalls in der Alsterstadt ansässigen Handels-Beteiligungskonzern Wünsche, der Lieferant der Aldigruppe ist.

Für das laufende Jahr sind weitere Übernahmen geplant und auch die Bruttodividende soll konstant gehalten werden. Dieses Vorhaben gilt allerdings nur für die freien Aktionäre, denn Großaktionär Karl Ehlerding möchte lieber durch Einbehaltung und Wiederanlage der Gewinne den Börsenkurs steigen lassen. Diese Vorgehensweise wird dadurch begünstigt, daß die WCM über einen Verlustvertrag von ca. 300 Millionen DM verfügt und von daher noch einige Jahre lang keine Steuern zahlen muß.

Es ist immer wieder die Diskussion aufgekommen, ob es vielleicht Gratisaktien statt Dividenden gibt. Das ist aber nur dann sinnvoll, wenn der Verlustvertrag weitgehend abgebaut ist.

Aus den Ausführungen ist schon ersichtlich, daß der Substanzwert des Unternehmens enorm ist. Nach Abzug von ca. 1 Milliarde DM Verbindlichkeiten beträgt der innere Wert der Aktien ca. 20 DM, so daß noch ausreichend Platz für Kursgewinne gegeben ist.

8. DM-Vermögen im Ausland

International gibt es immer noch große DM-Bargeldbestände. Dies gilt vor allem für die Länder Osteuropas, in denen die deutsche Währung weit verbreitet ist und von den Menschen als sehr gute Alternative zur eigenen, oftmals stark inflationsgefährdeten Heimatwährung gesehen wird. Im Extremfall kann dort sogar dazu kommen, daß gewisse Luxusartikel gegen Heimatwährung gar nicht erhältlich sind. Für deren Erwerb ist die Bezahlung in DM oder einer vergleichbar stabilen Währung unerläßlich.

Es bleibt die Frage, was mit diesen ausländischen DM-Bargeldbeständen nach Umstellung auf den Euro passiert. Eine naheliegende Möglichkeit besteht im Umtausch der Banknoten durch ausländische Banken. Diese Transaktionen werden sich die Institute selbstverständlich gut bezahlen lassen. Besonders brisant wird diese Vorgehensweise, wenn die Auslandsbanken von den Behörden angewiesen werden, die Adressen der tauschwilligen Kundschaft zu erfassen. Auf diesem Weg wird viel abgeflossenes Schwarzgeld wieder an das Tageslicht befördert.

Aus deutscher Sicht weniger wünschenswert ist die Alternative, daß die DM einfach gegen eine andere internationale Hartwährung, z. B. US-Dollar oder Schweizer Franken, umgetauscht wird. Verständlich ist eine solche Vorgehensweise in jedem Fall, denn die ausländischen Geldbesitzer können die Stabilität der zukünftigen EU-Gemenschaftswährung nicht einschätzen. Die Akzeptanz des neuen Geldes wird jedoch nicht von heute auf morgen zu bewerkstelligen sein. Es wird einige Zeit vergehen, ehe der Euro ein ähnliches Vertrauen genießen wird wie momentan die DM.

Für dic curopäischen Schwachwährungen stellen sich diese Probleme nicht. Sie werden im Ausland traditionell nicht als Geldspeicher verwendet, denn es fehlen mit der Wertbeständigkeit und der weltweiten Akzeptanz die wichtigsten Attribute.

Die Devisenbeschränkungen, die es auch heute noch in vielen Ländern gibt, sind ein weiteres Problem. In einigen Ländern dürfen die Einwohner nicht frei über ausländische Banknoten in unbeschränkter Höhe verfügen. Kommt es zu einer Identifikationspflicht beim Umtausch, so wird das gute Image der DM und somit auch Deutschlands im Ausland stark in Mitleidenschaft gezogen. Das Verschwinden der DM hat somit auch für viele ausländische Währungsbesitzer einen unangenehmen Beigeschmack erhalten.

Aussagen der Bundesbank zufolge liegt mehr als ein Viertel des gesamten deutschen Bargeldbestandes im Ausland. Diese Menge kann ein inflationäres Problem auslösen, wenn durch die Umstellung auf die Eurowährung die DM-Rückflüsse aus dem Ausland sehr komprimiert vorgenommen werden. Das nach Deutschland zurückfließende Geld produziert innerhalb kürzester Zeit einen enormen Nachfragesprung und trifft auf ein dann knapp bemessenes Warenangebot, daß sich im Vergleich zur Zeit vorher nicht vergrößert hat. Es ist eher noch knapper geworden, da es sich bei diesem Vorgang um einen dynamischen Prozeß handelt. Bereits die ersten Rückführungen lösen eine Angebotsverknappung aus und dieser Trend verstärkt sich nach und nach immer weiter. Das Problem kann dadurch behoben werden, daß wegen des relativ neuen Geldwäschegesetzes viele Anleger den Weg über Deutschland und sein Bankensystem scheuen. Dieses Gesetz wird im Gegenteil eher deutsche Bargeldbesitzer ins Ausland treiben, die dort nach Umtauschmöglichkeiten Ausschau halten.

9. Die Überlegungen der Nachbarländer

Eine isolierte Betrachtung der deutschen Verhältnisse kann zur Lösung der gesamteuropäischen Probleme nicht viel beitragen. Es muß auch darüber nachgedacht werden, welche Ansätze aus den anderen Ländern kommen. Dabei ist vor allem interessant, wie deren wirtschaftliche Entwicklung in den letzten Jahren gewesen ist und wie sie für die Folgejahre eingeschätzt wird. Abgerundet wird das jeweilige Länderportrait mit Aussagen der Landespolitiker oder -wissenschaftler.

9.1 Belgien

Ländertabelle Belgien									
Fläche in km^2			Bevölkerung			BIP pro Kopf in US-$			Werte per Ende 1993
31.000			10.100.000			18.284			
1993	1994	1995	1996	1997	1993	1994	1995	1996	1997
Inflationsrate					Budgetdefizit in % des BIP				
2.8	2.4	1.4	1.5	2.3	138.9	140.1	134.4	132.8	130.0
Schuldenquote in % des BIP					langfristiges Zinsniveau				
6.6	5.5	4.3	3.0	2.9	7.2	7.7	7.8	7.7	7.9
Währungsstabilität vorhanden?					BIP (real)				
–	–	j	j	j	–1.7	2.3	2.1	2.3	2.8
Wechselkursentwicklung									
ultimo 1992		ultimo 1993		ultimo 1994		ultimo 1995		03/96	
4,87		4,81		4,86		4,87		4,86	
Teilnahmewahrscheinlichkeit: 64,84 %									

Quellen: ZEW Finanzmarktreport, Sonderausgabe Währungsunion März 1996; Europäische Kommission; OECD; IWF; EMI; eigene Prognosen

Belgien gehört zu den Europäern der ersten Stunde und bleibt auch in der aktuellen Diskussion voll auf Europakurs. Die Umsetzung der Maßnahmen zur Erreichung der Konvergenzkriterien sind in Belgien zeitlich zusammengefallen mit Tiefstständen im Konsumentenvertrauen und der Konjunktur. Es gibt zahlreiche Firmenpleiten und entsprechend viele Streiks und Arbeitslose. Kritiker der europäischen Idee sehen hier einen engen Zusammenhang, der von den Politikern allerdings geleugnet wird.

In Brüssel stützt man den Optimismus zur Teilnahme in der ersten Phase vor allem darauf, daß Luxemburg wohl in jedem Fall unumstößlich feststeht und Belgien seit Jahren eine „kleine Währungsunion" mit dem Nachbarland hat.

9.2 Dänemark

Ländertabelle Dänemark									
Fläche in km^2			Bevölkerung			BIP pro Kopf in US-$			Werte per Ende 93
43.000			5.200.000			18.269			
1993	1994	1995	1996	1997	1993	1994	1995	1996	1997
Inflationsrate					Budgetdefizit in % des BIP				
1.3	2.0	2.2	2.5	2.6	79.5	78.0	76.0	75.6	75.4
Schuldenquote in % des BIP					langfristiges Zinsniveau				
4.4	4.3	3.5	3.0	2.8	7.3	7.8	8.1	8.2	8.3
Währungsstabilität vorhanden?					BIP (real)				
–	–	???	???	???	1.3	4.3	3.1	2.9	3.2
Wechselkursentwicklung									
ultimo 1992		ultimo 1993		ultimo 1994		ultimo 1995		03/96	
25.88		25.63		25.46		25.82			
Teilnahmewahrscheinlichkeit: 45,31 %									

Quellen: ZEW Finanzmarktreport, Sonderausgabe Währungsunion März 1996; Europäische Kommission; OECD; IWF; EMI; eigene Prognosen

Dänemark machte kurze Zeit nach dem Maastrichter Vertrag auf sich aufmerksam, als im Rahmen einer Volksabstimmung das Vertragswerk abgelehnt worden ist. Ein zweites Referendum im Mai 1993 war notwendig, um die dänische Bevölkerung letztlich mit 57 % Prostimmen sehr knapp von Europa zu überzeugen. Möglich war diese Vorgehensweise nur, weil Dänemark auf dem EU-Gipfel in Edinburgh einige Zugeständnisse eingeräumt worden sind, deren wichtigstes die sogenannte „opting-out-Klausel" ist. Dahinter verbirgt sich eine vierstufige Ausstiegsklausel aus dem Maastrichter Vertrag. Die vier Themengebiete befassen sich mit Fragen aus dem Bereich der Zusammenarbeit in der Justiz, Fragen aus den Bereichen Sicherheit und Verteidigung, Grundsatzfragen zur Unionsbürgerschaft und der dritten Stufe zur Wirtschafts- und Währungsunion.

Ein weiteres Referendum in der Europadiskussion soll zur Abschaffung dieser vier Ausstiegsklauseln führen. Genau darin aber sieht die dänische Regierung eine gewisse Gefahr, weil jede weitere Abstimmung das Thema Europa wieder mehr in die Öffentlichkeit rückt und eine gewisse Europamüdigkeit befürchtet wird. Daraus resultierend könnten dann einige Wähler wieder die Kontraposition beziehen und alles bisher erreichte zunichte machen.

Auf der anderen Seite gibt es das Problem, daß Dänemark im Herbst 1998 wieder wählt und im Vorfeld der Wahlen eine Diskussion zum Thema Europa unumgänglich ist. Es kommt jetzt für die dänische Regierung darauf an, daß richtige Timing für die Diskussion und ein eventuelles Referendum zu finden.

Druck kommt auch aus der Wirtschaft, da befürchtet wird, daß eventuell das eine oder andere skandinavische Nachbarland in der ersten Startergruppe ist und somit einige der umliegenden Länder bereits vor Dänemark den Euro haben. Dadurch könnte man in eine isolierte Stellung geraten, was vermieden werden soll.

9.3 Finnland

Ländertabelle Finnland									
Fläche in km²			Bevölkerung			BIP pro Kopf in US-$			Werte per Ende 93
337.000			5.100.000			14.586			
1993	1994	1995	1996	1997	1993	1994	1995	1996	1997
Inflationsrate					Budgetdefizit in % des BIP				
2.2	1.1	1.2	2.4	2.5	61.8	70.0	65.7	65.8	64.9
Schuldenquote in % des BIP					langfristiges Zinsniveau				
7.2	4.7	4.7	2.2	1.5	8.8	9.1	8.7	8.6	8.8
Währungsstabilität vorhanden?					BIP (real)				
–	–	n	n	n	– 1.6	4.0	5.0	4.0	3.8
Wechselkursentwicklung									
ultimo 1992		ultimo 1993		ultimo 1994		ultimo 1995		03/96	
30.88		29.95		32.71		32.92			
Teilnahmewahrscheinlichkeit: 8,98 %									

Quellen: ZEW Finanzmarktreport, Sonderausgabe Währungsunion März 1996; Europäische Kommission; OECD; IWF; EMI; eigene Prognosen

Finnland gehört erst seit Januar 1995 zur EU, hat in dieser kurzen Zeit aber schon ein hohes Maß an Europazuversicht und -optimismus gezeigt. Finnlands Wunsch nach schnellstmöglichem Eintritt in die EWWU könnte sich schon zum ersten Termin erfüllen, vor allem wenn man im direkten Vergleich die Niederlande mit einer öffentlichen Verschuldungsquote von über 75 % sieht.

Finnlands Ministerpräsident Paavo Lipponen äußerte zu Beginn des Jahres 1996, daß er sein Land zwar so schnell wie möglich in die EWU führen möchte, aber keinerlei Zeitdruck bezüglich der Finnmark sehe, die heute schon eine größere Stabilität aufweise als viele Währungen, die im EWS vertreten sind.

9.4 Frankreich

Ländertabelle Frankreich									
Fläche in km^2			Bevölkerung			BIP pro Kopf in US-$			Werte per Ende 93
544.000			57.600.000			18.758			
1993	1994	1995	1996	1997	1993	1994	1995	1996	1997
Inflationsrate					Budgetdefizit in % des BIP				
2.1	1.6	1.8	2.3	2.2	45.8	50.4	52.4	54.3	55.1
Schuldenquote in % des BIP					langfristiges Zinsniveau				
5.8	5.6	5.4	4.6	3.9	6.8	7.2	7.5	7.6	7.8
Währungsstabilität vorhanden?					BIP (real)				
–	–	???	???	???	– 1.4	3.0	2.8	2.6	3.2
Wechselkursentwicklung									
ultimo 1992		ultimo 1993		ultimo 1994		ultimo 1995		03/96	
29.36		29.43		28.98		29.25			
Teilnahmewahrscheinlichkeit: 96.88 %									

Quellen: ZEW Finanzmarktreport, Sonderausgabe Währungsunion März 1996; Europäische Kommission; OECD; IWF; EMI; eigene Prognosen

Frankreich spielt in der Diskussion um die Wirtschafts- und Währungsunion eine wichtige Rolle. Schließlich wurde das EWS erst auf intensives Betreiben Deutschlands und Frankreichs hin eingeführt.

Eine EU ohne Frankreich ist bei objektiver Betrachtung nicht vorstellbar. Ohne dieses Land fehlt die zweitgrößte europäische Volkswirtschaft. Dabei wird die leicht erhöhte Defizitquote kein Grund sein und ein politisches Zugeständnis wird Frankreich wohl zur Aufnahme genügen, denn die gesamte

Staatsverschuldung liegt seit Jahren deutlich unter dem geforderten Wert. Der Maastrichttext läßt politisch eine etwas weichere Auslegung durchaus zu.

Der Franzose

In letzter Zeit wird häufig darüber diskutiert, ob Deutschland und Frankreich schon vorzeitig eine Währungsunion bilden sollen, indem die Wechselkurse der beiden Länder vorab fixiert werden. Eine solche Vorgehensweise hat allerdings eher spaltenden als vereinigenden Charakter für die verbleibenden europäischen Länder. Setzen sich Deutschland und Frankreich über die Einhaltung der Konvergenzkriterien hinweg, kann von den anderen Ländern nicht ernsthaft die Einhaltung der Kriterien verlangt werden, ohne an Glaubwürdigkeit zu verlieren. Aus diesem Grund müssen sich beide Länder in jedem Fall 1996 dem ersten Konvergenztest unterziehen. Dadurch bestärken sie auch die anderen Länder in ihren Konvergenzbemühungen. Eine mögliche und salomonische Vorgehensweise kann darin bestehen, daß die beiden Länder ihre EWS-Bandbreiten weiter verengen und so automatisch eine weitergehende Wechselkursberuhigung herbeiführen.

Die Diskussion über eine eventuelle Verfehlung der Konvergenzkriterien hat sich in der jüngsten Vergangenheit öfter negativ auf die Pariser Börse ausgewirkt. Hauptauslöser für fallende Kurse waren dabei nicht selten Aussagen des ehemaligen EU-Kommissionspräsidenten Jacques Delors, der in Deutschland und Frankreich konjunkturell bedenkliche

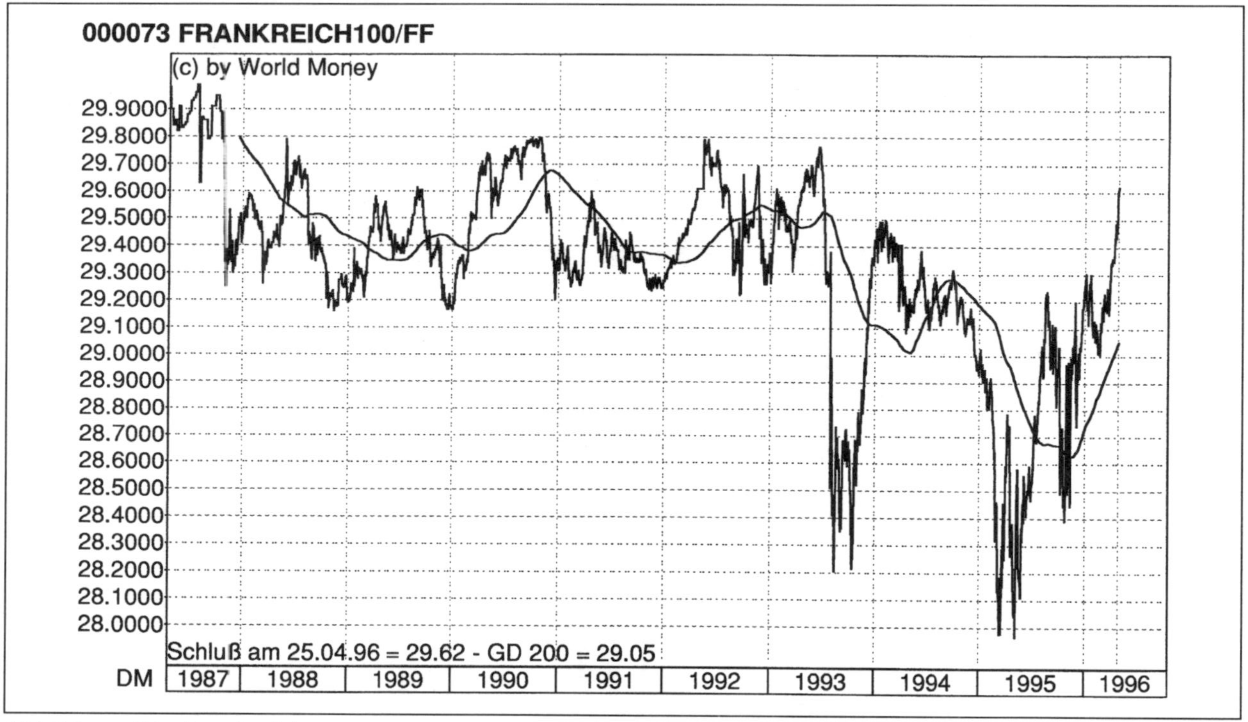

Abbildung 17: Frankreich

Entwicklungen bei historisch hohen Arbeitslosenzahlen sieht und von daher ein Verschieben nicht für die schlechteste Variante hält. Seiner Meinung nach sollte man entweder den Terminkalender oder die Kriterien ändern, wobei die letztgenannte Möglichkeit die schlechtere Alternative sei. Dieser Argumentation schließen sich einige französische Bankhäuser an, die häufig eine umgehende Nachverhandlung des Maastrichter Vertrages fordern, damit die Finanzmärkte im Vorfeld eine höhere Stabilität erhalten und die befürchteten hohen Volatilitäten vermieden werden können.

Für den Notfall hat Parlamentspräsident Philippe Seguin bereits geäußert, daß weder eine Verschiebung noch eine eventuelle Überprüfung der Kriterien des Maastrichter Vertrages aus französischer Sicht ein Desaster seien. Über das Vorgehen bei der Umstellung der nationalen Währungen auf den Euro gab er wörtlich zu Protokoll, daß es sich dabei um eine „historische Dummheit" handele.

Der Regierungswechsel und der damit verbundene Präsidentschaftswechsel (Chirac für Mitterand) wird auf absehbare Zeit keine Unruhe in der Europadiskussion stiften können, denn Chirac ist ebenfalls ein Anhänger der Wirtschafts- und Währungsunion, deren uneingeschränkte Umsetzung er immer wieder fordert.

Wird die „grande nation" Teilnehmer der ersten Stunde, so wurde bereits laut darüber nachgedacht, mit Einführung des Euro als supranationales Zahlungsmittel auch die bereits vorhandenen und börsengehandelten Altschulden des Staates so schnell wie möglich auf den Euro umzustellen.

9.5 Griechenland

Ländertabelle Griechenland									
Fläche in km²			Bevölkerung			BIP pro Kopf in US-$			Werte per Ende 93
132.000			10.400.000			8.409			
1993	1994	1995	1996	1997	1993	1994	1995	1996	1997
Inflationsrate					Budgetdefizit in % des BIP				
14.5	10.8	9.4	7.6	6.5	115.2	121.3	113.2	112.0	111.5
Schuldenquote in % des BIP					langfristiges Zinsniveau				
13.3	14.1	11.5	10.0	8.0	23.4	20.8	15.0	13.5	12.2
Währungsstabilität vorhanden?					BIP (real)				
–	–	n	n	n	– 0.5	1.5	1.9	2.2	2.7
Wechselkursentwicklung									
ultimo 1992		ultimo 1993		ultimo 1994		ultimo 1995		03/96	
0.75		0.70		0.65		0.61			
Teilnahmewahrscheinlichkeit: 0,00 %									

Quellen: ZEW Finanzmarktreport, Sonderausgabe Währungsunion März 1996; Europäische Kommission; OECD; IWF; EMI; eigene Prognosen

Griechenland wird aller Voraussicht nach kein Konvergenzkriterium erfüllen, und von daher wird sich auch die griechische Hoffnung auf baldige Teilnahme an der EWWU nicht halten lassen.

Es ist nachvollziehbar, daß die stark inflationsgefährdete Heimatwährung gerne gegen die härtere Europawährung eingetauscht werden soll. Eine Aufnahme Griechenlands in die EWWU zum 01. Januar 1999 entspricht dem Szenario B in Reinkultur. Von daher wird auch verständlich, warum Griechenland immer wieder fordert, daß die dritte Stufe nur von allen Ländern gleichzeitig oder gar nicht eingeführt werden darf. Die Politiker in Athen stellen sich damit ausdrücklich gegen ein Europa der zwei Geschwindigkeiten.

9.6 Großbritannien

Ländertabelle Großbritannien									
Fläche in km2			Bevölkerung			BIP pro Kopf in US-$			Werte per Ende 93
244.000			58.000.000			17.082			
1993	1994	1995	1996	1997	1993	1994	1995	1996	1997
Inflationsrate					Budgetdefizit in % des BIP				
1.6	2.4	3.3	3.6	3.3	48.3	50.4	54.1	53.4	52.9
Schuldenquote in % des BIP					langfristiges Zinsniveau				
7.8	6.3	4.5	2.6	2.4	7.5	8.1	8.3	8.5	8.8
Währungsstabilität vorhanden?					BIP (real)				
–	–	n	n	n	2.3	3.9	3.2	3.0	3.0
Wechselkursentwicklung									
ultimo 1992		ultimo 1993		ultimo 1994		ultimo 1995		03/96	
2.44		2.56		2.42		2.21			
Teilnahmewahrscheinlichkeit: 10,55 %									

Quellen: ZEW Finanzmarktreport, Sonderausgabe Währungsunion März 1996; Europäische Kommission; OECD; IWF; EMI; eigene Prognosen

Der britische Premierminister John Major wird nicht müde, seine Europaverdrossenheit zur Schau zu stellen und würde am liebsten Maastricht ungeschehen machen. Großbritannien hat zwar seinerzeit den Maastrichter Vertrag unterzeichnet, sich über die Opting-out-Klausel aber immer noch eine Hintertür zum Ausstieg offen gehalten.

Der britische Notenbankchef Eddie George warnt ebenfalls vor einem vereinigten Europa, in dem wirtschaftliche Konvergenz nur ein Wunsch ist und die Umsetzung allein aus politischen Motiven vorgenommen wird. Sollte es zum Zeitpunkt der Konvergenzprüfung Anfang 1998 nicht zu einem ausreichend großen Starterkreis kommen, so sei eine Verschiebung des Termins nicht die schlechteste Lösung. Komme es zu einem Start ohne Großbritannien, so sei dies auch nicht unbedingt negativ zu bewerten, da man als großes Land selber für innenpolitisch

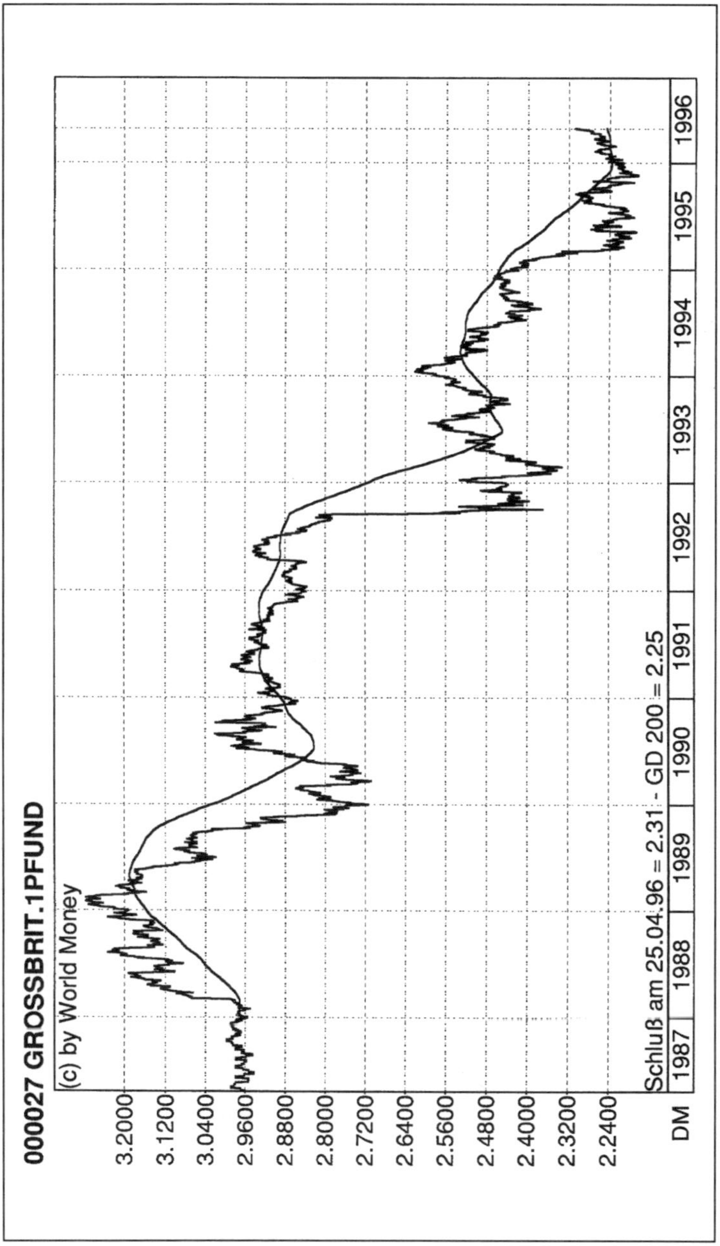

Abbildung 18: Großbritannien

stabile Verhältnisse sorgen könne. Die eigene Konjunkturpolitik soll in jedem Fall nicht für die Zielerreichung der Konvergenzkriterien aufgegeben werden.

Londoner Finanzanalysten schätzen einen pünktlichen und harten EWWU-Start als sehr unwahrscheinlich ein. Dabei wird im wesentlichen über die europaweit schwache Konjunkturlage argumentiert. Man erwartet schon bald entsprechende Reaktionen der Finanzmärkte, die ein Verschieben der EWWU dann nicht mehr ignorieren können. Überraschend sind alle diese Ideen nicht, denn Großbritannien hat in der momentanen Situation selbstverständlich großes Interesse an einer Verschiebung des Starttermins.

Die britische Bevölkerung sieht Europa skeptisch entgegen (66 % der Briten sind gegen den Euro), möchte im Zweifelsfall aber teilnehmen. Die letztendliche Entscheidung wird wohl im Rahmen eines Referendums getroffen.

Die Beziehungen zwischen Deutschland und Großbritannien sind Anfang Februar 1996 auf eine harte Bewährungsprobe gestellt worden.

Bundeskanzler Helmut Kohl äußerte sich dahingehend, daß der europäische Einigungsprozeß zügig vorangetrieben werden muß und sich nicht am langsamsten Mitglied der EU orientieren darf. Damit war in diesem Rahmen eindeutig Großbritannien gemeint, und entsprechende Reaktionen haben auch nicht lange auf sich warten lassen. Außenminister Malcolm Rifkind gab eindeutig und unmißverständlich zu verstehen, daß unter solchen Voraussetzungen ein Auseinanderbrechen der EU in zwei oder mehr Teile nicht ausgeschlossen werden könne.

Es bleibt spannend zu beobachten, ob und wie sich Großbritannien wieder in den europäischen Prozeß einbringen wird.

9.7 Irland

Ländertabelle Irland									
Fläche in km^2			Bevölkerung			BIP pro Kopf in US-$			Werte per Ende 93
70.000			3.600.000			13.436			
1993	1994	1995	1996	1997	1993	1994	1995	1996	1997
Inflationsrate					Budgetdefizit in % des BIP				
1.5	2.4	2.5	2.9	2.8	96.1	89.0	84.1	81.0	76.2
Schuldenquote in % des BIP					langfristiges Zinsniveau				
2.5	2.4	2.3	2.1	2.0	7.7	7.9	8.6	8.8	9.1
Währungsstabilität vorhanden?					BIP (real)				
–	–	j	j	j	4.0	6.5	6.4	6.0	5.2
Wechselkursentwicklung									
ultimo 1992		ultimo 1993		ultimo 1994		ultimo 1995		03/96	
2.64		2.44		2.40		2.29			
Teilnahmewahrscheinlichkeit: 35,94 %									

Quellen: ZEW Finanzmarktreport, Sonderausgabe Währungsunion März 1996; Europäische Kommission; OECD; IWF; EMI; eigene Prognosen

Irland gehört zum Kreis der kleinen, aber feinen Europäer. Nahezu 70 % der irischen Wähler stimmten 1992 dem Maastrichter Vertrag zu, und die öffentliche Diskussion um dieses Thema hat dazu geführt, daß sich dieser Wert bis heute nur geringfügig geändert hat. Das Land muß sich schon bald entscheiden, ob es den 1979 eingeschlagenen Weg der währungspolitischen Trennung von Großbritannien weiter einhalten will oder sich aufgrund der engen bilateralen Wirtschaftsbeziehungen mit den Briten solidarisch zeigt.

9.8 Italien

Ländertabelle Italien									
Fläche in km²			Bevölkerung			BIP pro Kopf in US-$			Werte per Ende 93
301.000			57.100.000			17.949			
1993	1994	1995	1996	1997	1993	1994	1995	1996	1997
Inflationsrate					Budgetdefizit in % des BIP				
4.3	3.9	4.9	4.4	3.9	118.6	123.7	124.0	122.0	121.0
Schuldenquote in % des BIP					langfristiges Zinsniveau				
9.5	9.6	8.0	7.0	6.6	11.3	10.6	11.5	10.9	10.8
Währungsstabilität vorhanden?					BIP (real)				
–	–	n	n	n	– 0.6	2.2	3.3	3.0	3.3
Wechselkursentwicklung									
ultimo 1992		ultimo 1993		ultimo 1994		ultimo 1995		03/96	
1.09		1.01		0.95		0.90			
Teilnahmewahrscheinlichkeit: 6,64 %									

Quellen: ZEW Finanzmarktreport, Sonderausgabe Währungsunion März 1996; Europäische Kommission; OECD; IWF; EMI; eigene Prognosen

Italien ist ein Reizthema im Rahmen des europäischen Vereinigungsprozesses. Schon im Jahr 1957 sind in Rom die Ursprungsverträge zur europäischen Idee unterzeichnet worden und die Italiener selber sind

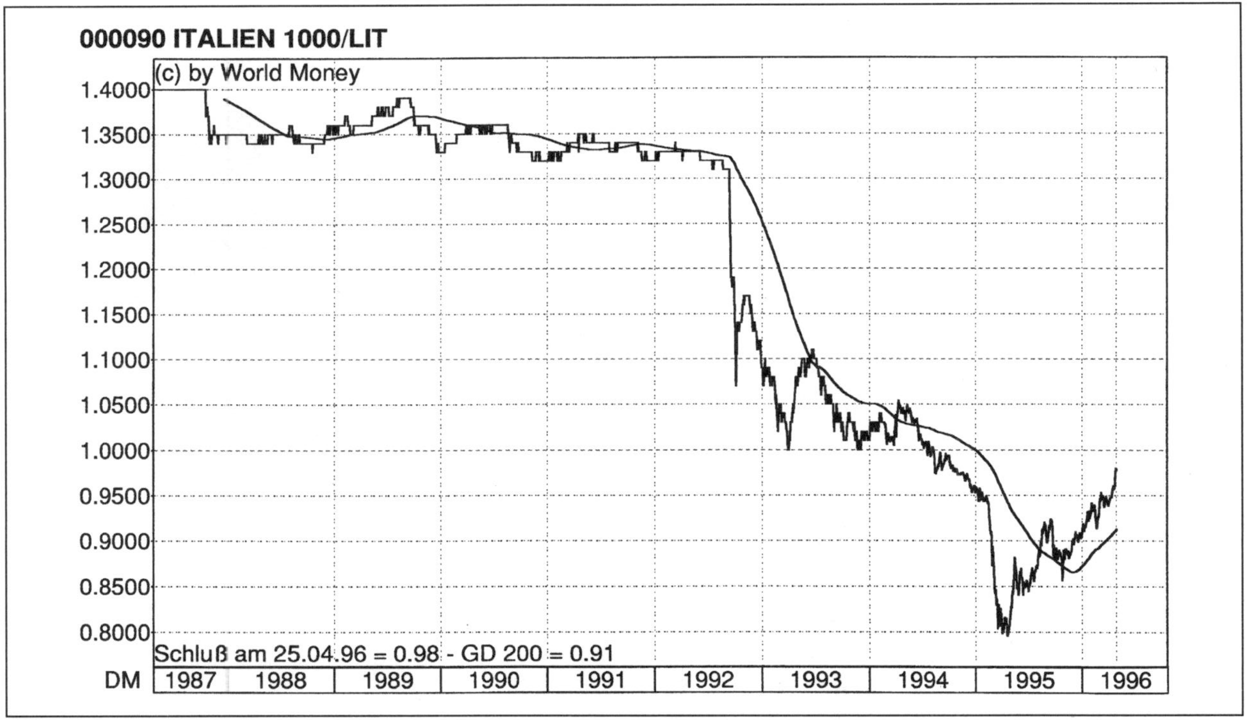

Abbildung 19: Italien

Europäer der ersten Stunde. Sie waren in allen Gremien und Ausschüssen von Anfang an dabei und haben stets die europäische Idee vorangetrieben. Auf der anderen Seite haben sie bei fast allen Konvergenzkriterien Probleme mit der Erreichung der notwendigen Werte und von daher aus der wirtschaftlichen Betrachtung keine Chance auf eine Direktteilnahme an der EWWU.

Trotz allen Diskussionen um die eigene Teilnahme hat Italien bereits mehrfach geäußert, daß es die Schrittmacherrolle Europas beibehalten möchte. In der ersten Jahreshälfte 1996 führt Italien die EU-Präsidentschaft.

Das Verhältnis Italien – Deutschland wurde durch eine unvorsichtige Äußerung Theo Waigels im Rahmen des Mallorca-Gipfels im September 1995 stark belastet. Der deutsche Finanzminister gab unmißverständlich zu verstehen, daß nach seiner Prognose Italien zum Starttermin nicht europareif sein wird. Als Reaktion darauf dachte der italienische Regierungschef Dini laut über eine Verschiebung des Starttermins nach, damit die Europareife hergestellt werden kann.

Der Italiener

In Italien selber gehen im Parlament die Meinungen über eine EU-Teilnahme stark auseinander. Die ohnehin zersplitterte und unübersichtliche Parteienlandschaft wird noch dadurch unterteilt, daß es auch innerhalb der einzelnen Parteien keine einheitliche Denkweise gibt und sich nahezu jeder Politiker öffentlich mit einer eigenen Meinung profilieren möchte. Die Gewerkschaftsführer sehen die Vorgehensweise in Europa als fehlerhaft an und fordern, daß die politische der wirtschaftlichen Einigung vorangehen muß.

Die Kreditinstitute und Unternehmerverbände des Landes befürworten die momentane Vorgehensweise und stellen sich somit hinter die offizielle Regierungsmeinung. Roms früherer Notenbankpräsident Carlo Azeglio Ciampi, dessen Wort in Italien großes Gewicht hat, stellte noch Ende Januar klar, daß aus italienischer Sicht eine Verschiebung der Währungsunion kein Thema sei, da dadurch die psychologischen Widerstände gegen die Union als Ganzes weiter wachsen. Er sieht den pünktlichen Start als politisch irreversible Notwendigkeit an.

Kritisch einzuschätzen sind in jedem Fall die zahlreichen innenpolitischen Probleme Italiens, die letztendlich in den häufigen Neuwahlen und dem hohen Maß politischer Unsicherheit ihren Ausdruck finden. Solange hierfür keine zufriedenstellende Lösung gefunden werden kann, wird Italien immer der Malus der tatsächlichen Unregierbarkeit aufgrund von Unberechenbarkeit anhaften. In diesem Umfeld kommt noch belastend dazu, daß die Verflechtungen von organisierter Kriminalität einerseits, so wie Wirtschaft und Politik andererseits in letzter Zeit immer häufiger auftreten und nicht mehr ernsthaft bestritten werden können.

9.9 Luxemburg

Ländertabelle Luxemburg									
Fläche in km²		Bevölkerung			BIP pro Kopf in US-$				Werte per Ende 93
3.000		400.000			23.138				
1993	1994	1995	1996	1997	1993	1994	1995	1996	1997
Inflationsrate					Budgetdefizit in % des BIP				
3.6	2.1	2.0	2.2	2.4	7.8	9.2	7.5	7.0	6.8
Schuldenquote in % des BIP					langfristiges Zinsniveau				
– 1.1	– 1.3	– 1.4	– 1.5	– 1.6	6.9	6.4	6.5	6.6	7.0
Währungsstabilität vorhanden?					BIP (real)				
–	–	j	j	j	1.7	2.6	3.0	2.7	3.3
Wechselkursentwicklung									
ultimo 1992		ultimo 1993		ultimo 1994		ultimo 1995		03/96	
Teilnahmewahrscheinlichkeit: 97,66 %									

Quellen: ZEW Finanzmarktreport, Sonderausgabe Währungsunion März 1996; Europäische Kommission; OECD; IWF; EMI; eigene Prognosen

Das Großherzogtum Luxemburg ist der europäische Musterknabe. Neben der problemlosen Erfüllung der Konvergenzkriterien wirken die Abgeordneten dieses Landes in zahlreichen europäischen Gremien tatkräftig mit und bringen sich immer wieder mit guten Ideen ein.

Die Idee einer Vorabwährungsunion der Benelux-Länder aus dem Spätherbst 1995 fand nicht die Zustimmung von Luxemburgs Premierminister Jean Claude Juncker. Darin könne zum Ausdruck kommen, daß die Benelux-Staaten den europäischen Bemühungen nicht trauen und lieber selber operieren möchten. Dieser Verdacht solle im Ausland auf gar keinen Fall aufkommen. Teilweise wird kritisiert, daß Luxemburg nicht am EWS teilnimmt. Das kann jedoch nur eine fadenscheinige Behauptung der Eurokritiker sein, denn bei ernsthafter Analyse der Wechselkursentwicklung wird schnell klar, daß man dieses Kriterium als erfüllt betrachten muß.

9.10 Niederlande

Ländertabelle Niederlande									
Fläche in km²			Bevölkerung			BIP pro Kopf in US-$			Werte per Ende 93
41.000			15.300.000			17.298			
1993	1994	1995	1996	1997	1993	1994	1995	1996	1997
Inflationsrate					Budgetdefizit in % des BIP				
2.6	2.7	2.2	2.4	2.5	81.4	78.8	78.7	78.6	77.5
Schuldenquote in % des BIP					langfristiges Zinsniveau				
3.3	3.8	3.4	2.7	2.4	6.4	6.9	7.0	7.2	7.5
Währungsstabilität vorhanden?					BIP (real)				
–	–	j	j	j	0.5	2.5	3.0	3.0	3.4
Wechselkursentwicklung									
ultimo 1992		ultimo 1993		ultimo 1994		ultimo 1995		03/96	
89.05		89.36		89.29		89.33			
Teilnahmewahrscheinlichkeit: 87,50 %									

Quellen: ZEW Finanzmarktreport, Sonderausgabe Währungsunion März 1996; Europäische Kommission; OECD; IWF; EMI; eigene Prognosen

Die Niederlande sind EU-Gründungsmitglied und waren bisher immer ein verläßlicher Partner, wenn auch einige Denkansätze die eher europabremsende Meinung Großbritanniens untermauern.

Das Land der Radfahrer und Tulpenzüchter war auch im Spätherbst 1995 an dem Vorschlag beteiligt, die Benelux-Staaten könnten eine „pré-union-monétaire" bilden, d. h. eine vorgezogene Währungsunion. Grundlage der Überlegung war, daß die Währungen dieser Länder schon seit Jahren recht stabil zueinander sind und auch beispielsweise gegenüber der DM nur geringfügige Schwankungen aufweisen.

Losgelöst von diesen Überlegungen geht die Regierung in jedem Fall von einer Teilnahme in der ersten Startergruppe aus. Die Idee einer stabilen EWWU mit strenger Auslegung der Konvergenzkriterien wird

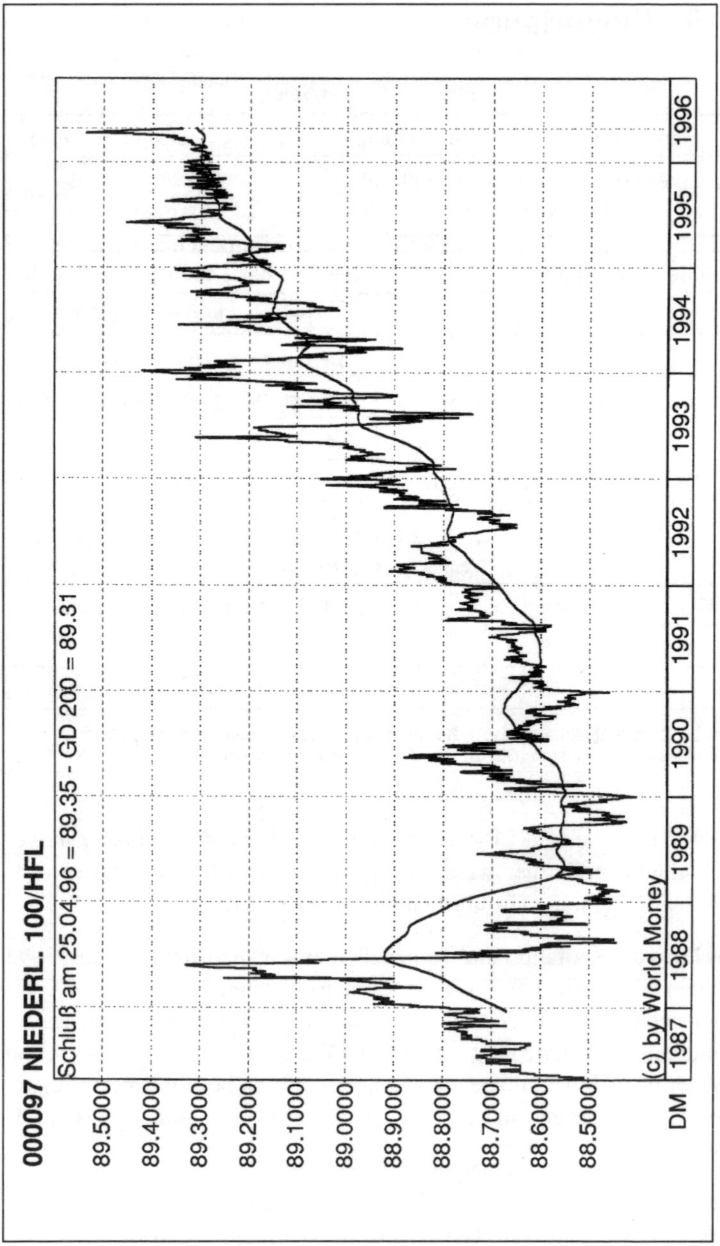

Abbildung 20: Niederlande

von den Politikern ebenso unterstützt wie die Forderung nach einem Strafautomatismus, der ohne Diskussionen jene Länder bestraft, die nach erfolgreichem Beitritt die Kriterien wieder verletzen. Den zusätzlichen Vorteil einer harten Kerngruppe sieht Den Haag darin, daß die übrigen EU-Länder in ihren Teilnahmebestrebungen bestärkt werden, da von einer solchen Stabilitätsgemeinschaft ein starker Anreiz zur Teilnahme ausgeht. Eine solche Vorgehensweise ist aus niederländischer Sicht unbedingt erforderlich, will man die Union auch auf Dauer konstant und stabil halten.

Die Öffentlichkeit in den Niederlanden ist erstaunlich gut informiert, und es überrascht nicht, daß über 70 % der Niederländer den Euro begrüßen.

9.11 Österreich

Ländertabelle Österreich									
Fläche in km²			Bevölkerung			BIP pro Kopf in US-$			Werte per Ende 93
84.000			7.900.000			18.210			
1993	1994	1995	1996	1997	1993	1994	1995	1996	1997
Inflationsrate					Budgetdefizit in % des BIP				
3.6	3.0	2.4	2.3	2.6	63.5	65.0	66.4	67.7	67.5
Schuldenquote in % des BIP					langfristiges Zinsniveau				
4.1	4.4	4.2	3.9	3.3	6.8	7.0	7.2	7.3	7.5
Währungsstabilität vorhanden?					BIP (real)				
–	–	j	j	j	0.0	2.6	2.4	2.3	3.0
Wechselkursentwicklung									
ultimo 1992		ultimo 1993		ultimo 1994		ultimo 1995		03/96	
14.21		14.22		14.21		14.21			
Teilnahmewahrscheinlichkeit: 79,30 %									

Quellen: ZEW Finanzmarktreport, Sonderausgabe Währungsunion März 1996; Europäische Kommission; OECD; IWF; EMI; eigene Prognosen

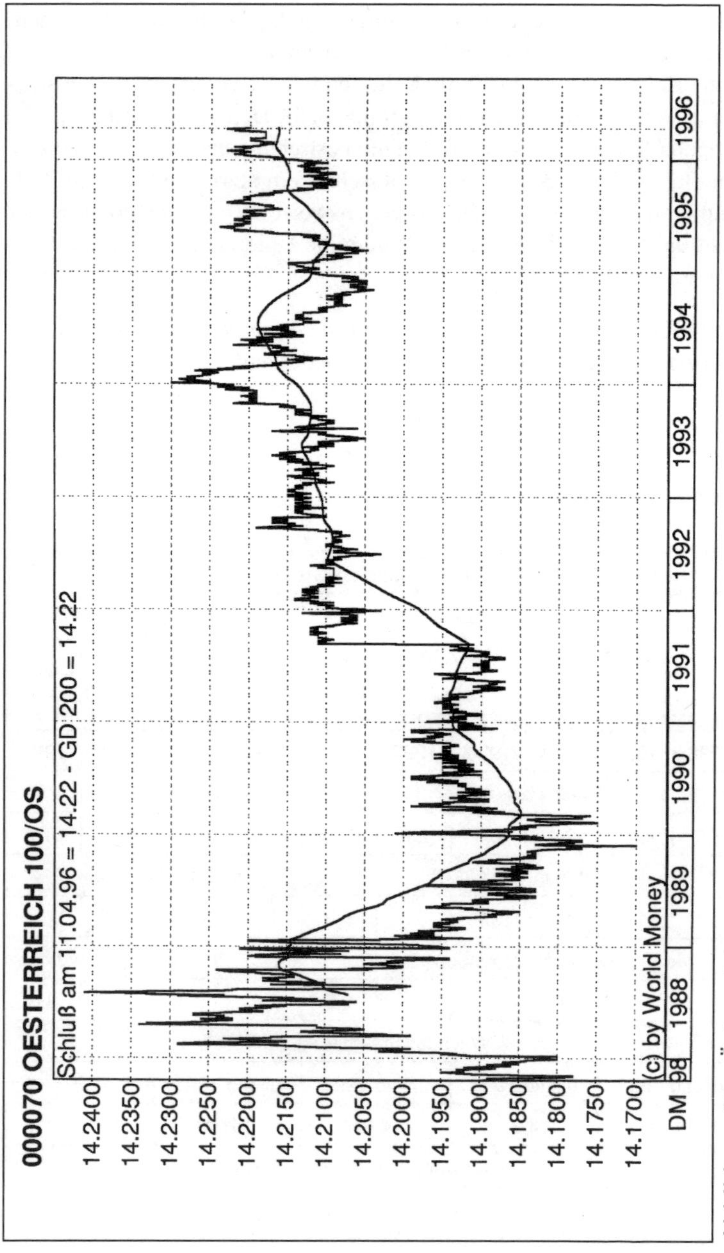

Abbildung 21: Österreich

Österreich ist noch ein „europäischer Frischling“, denn erst seit dem 01. Januar 1995 gehört das Land der EU an. Die anfängliche Europaeuphorie in der Bevölkerung ist etwas abgeflacht und zur Zeit wird die europäische Idee intensiv öffentlich diskutiert. Trotz allem steht immer noch die Mehrheit der Österreicher hinter Europa und der EWWU. Österreichs Bundeskanzler Franz Vranitzky stellte fest, daß eine erneute Diskussion der Konvergenzkriterien nicht notwendig ist, da diese bereits ausführlich erörtert wurden und in der aktuellen Auslegung auch gut sind.

Der nebenstehende Währungschart veranschaulicht sehr schön, weshalb Österreich als Musterbeispiel für Währungsstabilität gesehen wird. Schon seit Jahrzehnten weiß jeder Austria-Urlauber, daß er die Preise im Verhältnis 7 : 1 umrechnen muß, um den DM-Preis ziemlich exakt zu ermitteln.

9.12 Portugal

Ländertabelle Portugal									
Fläche in km2			Bevölkerung			BIP pro Kopf in US$			Werte per Ende 93
92.000			9.900.000			keine Angaben			
1993	1994	1995	1996	1997	1993	1994	1995	1996	1997
Inflationsrate					Budgetdefizit in % des BIP				
6.5	5.2	4.4	4.2	4.6	66.9	70.4	70.4	70.3	70.2
Schuldenquote in % des BIP					langfristiges Zinsniveau				
7.2	6.2	5.4	4.8	4.2	10.0	10.4	11.2	11.0	11.1
Währungsstabilität vorhanden?					BIP (real)				
–	–	n	n	?	– 1.4	1.0	2.4	3.0	4.0
Wechselkursentwicklung									
ultimo 1992		ultimo 1993		ultimo 1994		ultimo 1995		03/96	
1.11		0.98		0.97		0.96			
Teilnahmewahrscheinlichkeit: 0,78 %									

Quellen: ZEW Finanzmarktreport, Sonderausgabe Währungsunion März 1996; Europäische Kommission; OECD; IWF; EMI; eigene Prognosen

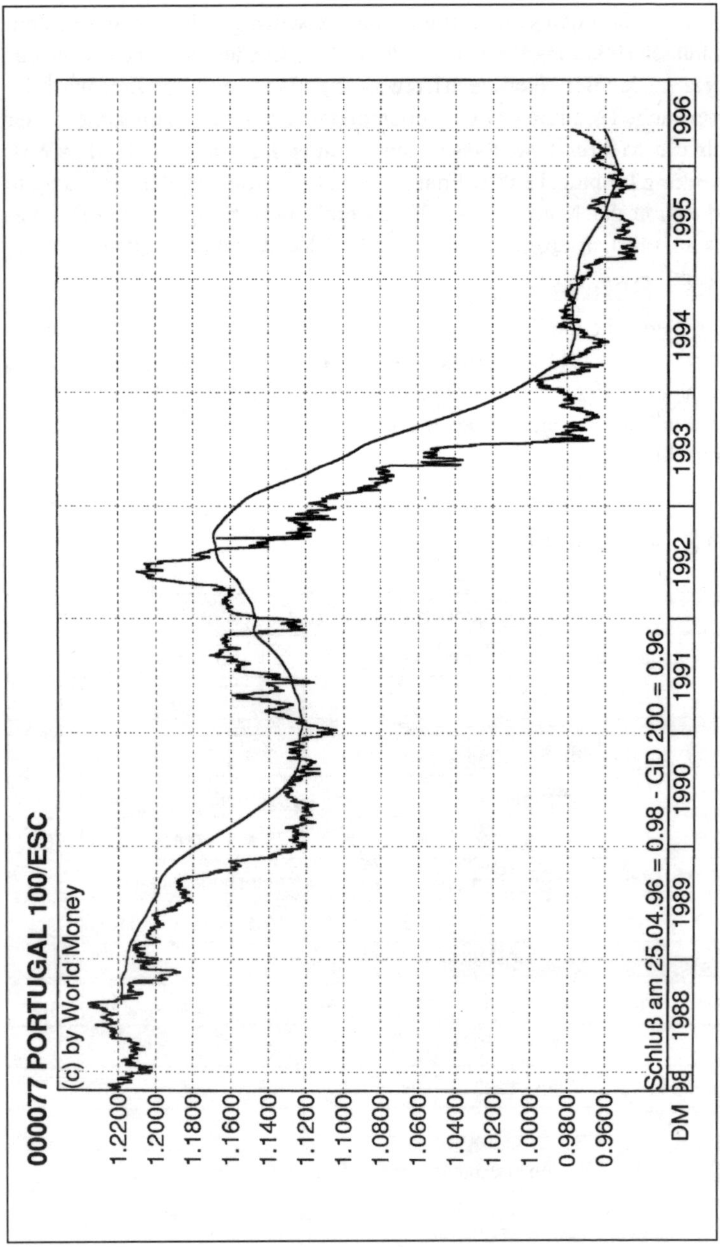

Abbildung 22: Portugal

Bei Betrachtung der wirtschaftlichen Verhältnisse des Landes wird schnell klar, daß Portugal auch gerne direkt zum ersten Termin in die dritte Stufe der EWWU eintreten möchte. Bei auch nur annähernder Einhaltung der strengen Konvergenzkriterien besteht allerdings keine Chance zur Teilnahme. Diese kann nur aufgrund einer politischen Entscheidung herbeigeführt werden.

9.13 Schweden

Ländertabelle Schweden									
Fläche in km²			Bevölkerung			BIP pro Kopf in US$			Werte per Ende 93
450.000			8.700.000			16.402			
1993	1994	1995	1996	1997	1993	1994	1995	1996	1997
Inflationsrate					Budgetdefizit in % des BIP				
4.7	2.4	3.1	3.5	3.7	74.4	81.0	83.5	85.2	87.0
Schuldenquote in % des BIP					langfristiges Zinsniveau				
13.3	11.7	9.2	7.5	5.5	8.6	9.5	10.4	10.7	11.0
Währungsstabilität vorhanden?					BIP (real)				
–	–	n	n	n	– 2.5	2.0	2.5	2.3	2.7
Wechselkursentwicklung									
ultimo 1992		ultimo 1993		ultimo 1994		ultimo 1995		03/96	
22.94		20.77		20.76		21.50			
Teilnahmewahrscheinlichkeit: 4,30 %									

Quellen: ZEW Finanzmarktreport, Sonderausgabe Währungsunion März 1996; Europäische Kommission; OECD; IWF; EMI; eigene Prognosen

Schweden ist erst seit Januar 1995 Mitglied der EU. Eine Teilnahme an der EWWU zum frühestmöglichen Termin erscheint aus heutiger Sicht nicht ausgeschlossen, bedarf aber noch gewaltiger Anstrengungen, da die meisten Konvergenzkriterien nicht erfüllt werden. Schweden ist trotzdem recht optimistisch, da es in den letzten Jahren stark auf den

Der Schwede

Europakurs eingeschwenkt ist. Die öffentlichen Finanzen wurden in den letzten Jahren mit harter Hand saniert und zeigen deshalb mittlerweile ein recht hoffnungsvoll stimmendes Bild auf.

Ein weiterer Pluspunkt ist die erfolgreiche Politik der Reichsbank, die in den letzten Jahren die Inflation gut gedämpft und dazu beigetragen hat, daß das internationale Vertrauen in die schwedische Finanz- und Wirtschaftspolitik wieder deutlich angestiegen ist.

Ein entscheidendes Kriterium für die weitere Entwicklung der Konvergenzkriterien wird sein, ob und wann die Teilnahme am EWS durchgeführt wird und wie sich diese dann auf die Zinsen und den Wechselkurs auswirkt. Ein Verzicht auf die Teilnahme widerspricht den ernsthaften Bemühungen des Landes.

Schwedens Finanzminister Goeran Persson erwartet eine Verzögerung des EWU-Startes, sofern sich das schleppende europäische Wirtschaftswachstum auch 1997 fortsetzt.

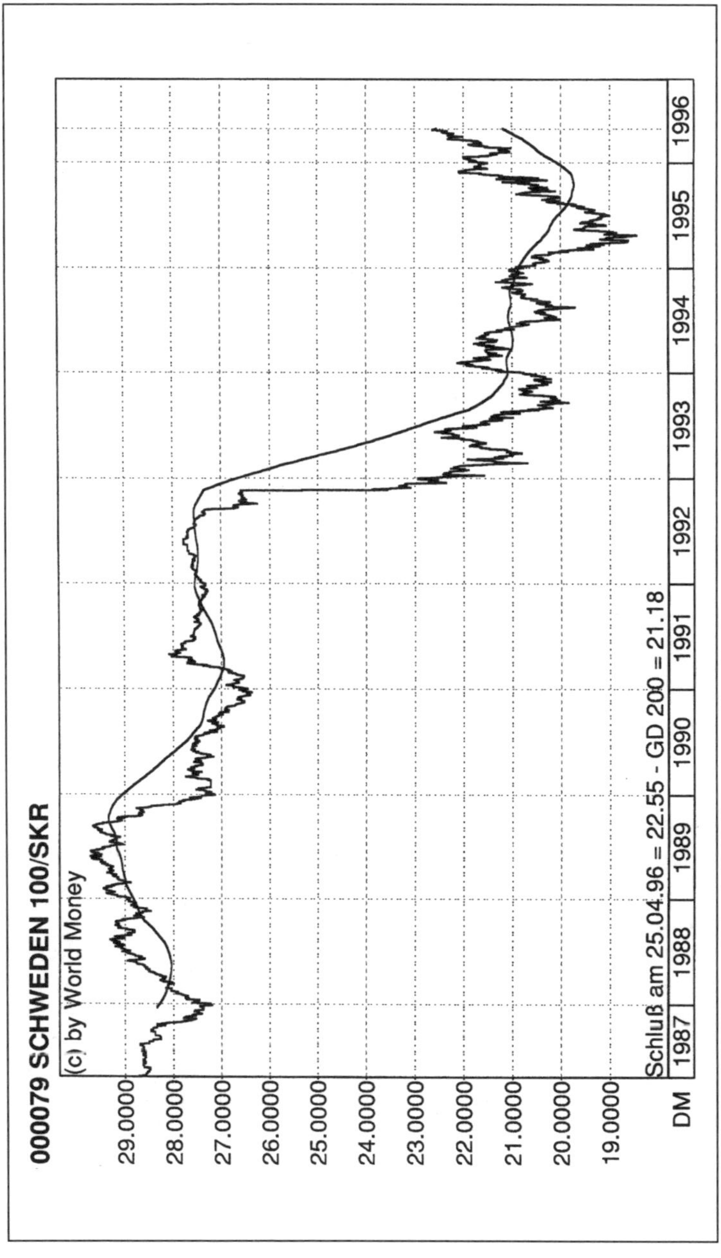

Abbildung 23: Schweden

9.14 Spanien

Ländertabelle Spanien									
Fläche in km²			Bevölkerung			BIP pro Kopf in US-$			Werte per Ende 93
505.000			39.100.000			12.962			
1993	1994	1995	1996	1997	1993	1994	1995	1996	1997
Inflationsrate					Budgetdefizit in % des BIP				
4.6	4.7	4.9	4.7	4.7	59.8	63.5	64.0	64.9	65.0
Schuldenquote in % des BIP					langfristiges Zinsniveau				
7.5	7.0	6.6	6.3	5.2	10.2	10.0	11.4	11.0	11.2
Währungsstabilität vorhanden?					BIP (real)				
–	–	n	n	n	– 1.1	2.0	3.1	3.3	3.6
Wechselkursentwicklung									
ultimo 1992		ultimo 1993		ultimo 1994		ultimo 1995		03/96	
1.41		1.22		1.18		1.18			
Teilnahmewahrscheinlichkeit: 2,34 %									

Quellen: ZEW Finanzmarktreport, Sonderausgabe Währungsunion März 1996; Europäische Kommission; OECD; IWF; EMI; eigene Prognosen

Im Frühjahr 1996 löste die bürgerliche Partido Popular (PP) die bisherige Regierung der sozialistischen Arbeiterpartei ab. Das Wahlergebnis fiel allerdings deutlich schlechter aus, als es im Vorfeld erwartet worden war. Deshalb kam es in den nächsten Tagen zu erheblichen Unruhen an Spaniens Finanzmärkten. Kritische Beobachter befürchten, daß es in Spanien zu „italienischen Verhältnissen" kommt, wenn nicht schon bald akzeptable Bündnisse geschlossen werden.

Im Vorfeld der Wahlen haben sich die Vertreter der PP schon auf Europareise begeben, um den ausländischen Staatsmännern und Wirtschaftsauguren den angestrebten Kurs der nationalen Politik und Wirtschaftspolitik zu verdeutlichen.

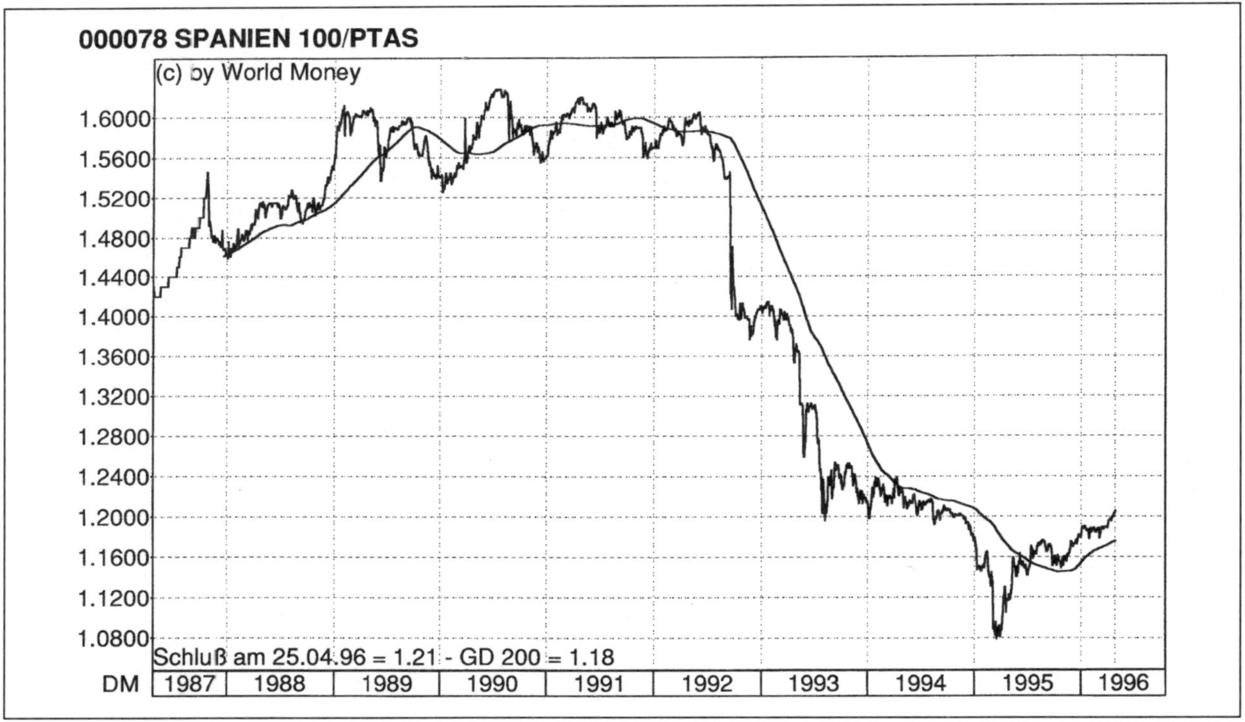

Abbildung 24: Spanien

Ministerpräsident Jose-Maria Aznar fordert in seinem Programm eine stärkere Stellung des Marktes und eine Rückführung der staatlichen Einflußnahme. Vor diesem Hintergrund wird eine Teilnahme an der EWWU zum 01.01.1999 nicht ausgeschlossen, erscheint aber bei realistischer Betrachtungsweise als unwahrscheinlich.

Ein neu einzurichtender Rechnungshof soll alle Ausgaben streng überwachen und so die Bereiche Neuverschuldung und Budgetdefizit minimieren. Weitere Schritte in diese Richtung sind eine Straffung der Ministerienlandschaft und damit einhergehend der Zahl der Beschäftigten im öffentlichen Dienst. Hier ist vor allem an eine Übertragung zahlreicher bisher staatlich organisierter Tätigkeiten an private Unternehmen gedacht.

Der IWF äußerte sich Ende Januar 1996 dahingehend, daß Spanien vielleicht schon 1997 die Konvergenzkriterien erfüllen kann. Als Voraussetzung wird eine straffe Führung der öffentlichen Hand genannt. Positiv bewertet wird die Entwicklung auf dem Arbeitsmarkt, denn die geplanten Reformmaßnahmen werden gut umgesetzt und haben zu einer deutlich spürbaren Entlastung geführt. Trotzdem liegt die Arbeitslosenrate noch immer bei ca. 23 % und belastet natürlich die Wirtschaft. Die OECD kommentierte das in ihrem Spanienbericht so, daß die Arbeitslosigkeit als eines der vorrangigsten Probleme zu bewältigen ist.

Darüber hinaus wird die Arbeit der seit 1994 unabhängigen Notenbank vom IWF gut bewertet. Bis zum Jahreswechsel 1996/97 rechnet der IWF mit einem Rückgang der Inflationsrate auf 3 %.

Der private Verbrauch und die Investitionen werden 1996 wahrscheinlich in der Lage sein, die Exportrückgänge zu kompensieren, und für 1997 sind die Perspektiven noch besser.

Kritisch ist jedoch der Bereich der Staatsausgaben, da in den letzten Jahren wahrscheinlich das äußerste Limit erreicht worden ist. Noch weitere Einschränkungen werden sich deutlich in der Konjunktur niederschlagen. Gerade in diesem Punkt ist die spanische Regierung von der OECD zur Besserung aufgefordert worden. Man räumt Spanien zwar ein überdurchschnittliches Wachstum und eine gute konjunkturelle Entwicklung im europäischen Vergleich ein, doch gibt es noch viele Probleme zu lösen.

In Spanien löste vor allem die große Streikwelle in Frankreich im Januar 1996 große Diskussionen aus. Spanische Wirtschaftsfachleute weisen in diesem Umfeld verstärkt darauf hin, daß ihr Land nur dann an der EWWU teilnehmen soll, wenn dies auch wirtschaftlich gut realisierbar ist. Die Teilnahme soll auf keinen Fall um jeden Preis erreicht werden, denn damit werden politische Ziele über wirtschaftlich vertretbare Umstände gesetzt. Als wichtige Voraussetzung wird gefordert, daß die traditionellen Wege der spanischen Wirtschaft neu überdacht werden müssen. Anderenfalls wird in einem vereinigten europäischen Währungsraum der wirtschaftliche Konkurrenzdruck von den anderen Teilnehmern zu stark.

Vereinzelt fordern spanische Politiker die Verschiebung der EWWU und eine Anpassung des Zeitplans an die wirtschaftliche Entwicklung Europas. Kommt es zu einem Start per 01. Januar 1999, dann fordern die spanischen Machthaber keine Sonderregelung über eine spezielle Interpretation der Konvergenzkriterien, sondern sie akzeptieren ein Dasein im Wartestatus. Spaniens Außenminister Carlos Westendorp äußerte allerdings schon mehrfach, daß nach seiner Meinung eine europäische Währung nur dann Sinn macht, wenn neben Frankreich und Deutschland mindestens noch Italien, Großbritannien oder Spanien teilnehmen.

10. Der Euro aus Sicht der Kreditwirtschaft

Viele Anleger sehen im Moment verstärkt die eigenen Probleme. An dieser Stelle soll aber auch einmal versucht werden, die Probleme der Kreditwirtschaft aufzuzeigen, die sich aus der Umstellung auf den Euro ergeben.

Eine der größten Herausforderungen wird darin bestehen, die gesamte Datenverarbeitung auf den Euro umzustellen. Neben der technischen Herausforderung kommen dabei sehr hohe Kosten auf die Kreditinstitute zu, die vor einigen Jahren in diesem Umfang nicht erwartet worden sind und jegliches Ausmaß einer üblichen EDV-Modernisierung übersteigen. Die Sparkassen- und Bankenverbände sprechen vereinzelt von Summen jenseits der dreistelligen Millionengrenze. Europaweit wird die Umstellung auf den Euro die Kreditwirtschaft wohl ca. 20 Milliarden DM kosten.

Neben diesen enormen Zusatzkosten gibt es noch das Problem, daß der europäische Devisenhandel, bisher eine der Ertragsquellen, zu einem großen Teil wegfällt. Im Gegenzug hofft man auf eine Belebung des Handels mit außereuropäischen Devisen.

Die Einführung des Euro führt zu einem verstärkten Wettbewerb mit ausländischen Kreditinstituten, die verstärkt auf den lukrativen deutschen Markt vordringen wollen. So entsteht weiter Margendruck.

Den deutschen Kreditinstituten geht mit der Einführung des Euro ein wichtiger Wettbewerbsvorteil verloren, die DM. Sie verkörperte bisher Stabilität und gab in- wie ausländischen Anlegern Sicherheit.

In Deutschland hat man selbstverständlich schon frühzeitig versucht, sich für den starken Wettbewerb zu rüsten. Ein Grund für die gute Marktpositionierung besteht unter anderem in dem Erwerb von Tochterfirmen im benachbarten Ausland.

In den deutschen Kreditinstituten setzt man außerdem immer noch auf die internationale Finanzkraft der deutschen Wirtschaft. Europaweit weisen deutsche Kreditinstitute eine hochwertige und gut diversifizierte Produktpalette auf.

Der Europäische Bankenverband in Brüssel einschließlich der Bankenverbände der Schweiz und Norwegens befürworten voll und ganz das auf der EU-Gipfelkonferenz im Dezember 1995 in Madrid beschlossene Programm zur Realisierung der EWU und zur Einführung des Euro. Die Konvergenzkriterien sollen eingehalten werden. Die EWU ist eine unabdingbare Notwendigkeit und soll nicht mehr diskutiert werden. Aus Sicht der Bankenverbände kommt es auch darauf an, rechtzeitig positive Signale für die Bevölkerung zu setzen. Ein solches Signal kann darin bestehen, daß möglichst schnell der Teilnehmerkreis bekanntgegeben und der Starttermin festgeschrieben wird. Dadurch können zusätzliche und somit unnötige Kosten vermieden werden.

Für die Verwaltungen kleinerer Kreditinstitute bieten die nationalen Zentralbanken Konversionsfazilitäten an. Dabei handelt es sich um Software, die in Euro ausgedrückte Geldströme in die jeweilige nationale Geldeinheit umrechnet und umgekehrt. Diese Konversionsfazilitäten sind wichtig, damit ein wettbewerbsneutrales Umfeld entstehen kann. Die Kreditinstitute werden die Interessen ihrer Kundschaft genau verfolgen und über entsprechende Problemlösungen einen neuen Wettbewerb herbeiführen, über den die gesamte europäische Entwicklung vorangebracht wird. Alle Kreditinstitute innerhalb des Währungsraumes stehen untereinander in Konkurrenz und das nationale Denken wird immer weiter in den Hintergrund gedrängt.

Die Vorbereitungszeit für die notwendigen technischen Änderungen läßt sich nur sehr schwer einschätzen. Es wird aber wohl einige Monate oder Jahre dauern, bis die letzten Probleme gelöst sind. Eine erste europaweite Untersuchung ist bereits durchgeführt worden. Anhand der Ergebnisse können die Kreditinstitute bereits wichtige Trends und Tendenzen erkennen.

Letztendlich kann der Euro dazu beitragen, daß der europäische Kapitalmarkt wieder Anteile vom amerikanischen oder auch asiatischen Kapitalmarkt zurückerobert und so seine internationale Stellung stärkt.

11. Persönlicher Standpunkt

Man könnte meinen, daß die Idee der währungspolitischen Vereinigung neu ist. Aber einzelne deutsche Staaten unternahmen bis zur Reichsgründung schon erste Versuche, um die verschiedenen deutschen Münzen in einer Währung zu vereinigen. In Europa gab es auch schon eine Währungsunion, die sogenannte lateinische Münzunion, an der sich z. B. die Schweiz, Frankreich, Belgien und Italien beteiligten. Sie scheiterte kurze Zeit nach Ende des Ersten Weltkrieges, da die Vertreter der einzelnen Länder ihre nationalstaatlichen Interessen nicht mehr koordinieren konnten.

Ist die Forderung nach einem idealen Wirtschaftsgebiet nicht nur ein unerfüllbarer Wunsch? Gibt es überhaupt so etwas wie einen optimalen Währungsraum? Zur Lösung dieser Fragen bringt auch eine Betrachtung der weltweit vorhandenen Systeme nicht viel.

Einerseits wird immer schnell die Welthandelsmacht der Vereinigten Staaten von Amerika als positives Beispiel eines großen und möglichst homogenen Wirtschafts- und Währungsraumes genannt. Doch dieser Vergleich hinkt. Die USA sind in mittlerweile gut 200 Jahren in sich gewachsen und hatten, trotz zahlreicher innenpolitischer Unruhen, viel Zeit, um sich zu festigen. Wichtige Voraussetung in diesem Prozeß war die schon immer vorhandene einheitliche Währung. Bei näherer Betrachtung des Landes merkt man auch schnell, daß die einzelnen Bundesstaaten untereinander grundverschieden sind. Amerika ist Föderalismus pur. Kaum ein Amerikaner, den man nach seiner Herkunft befragt, antwortet mit: „Amerika“. Die meisten nennen ihren Bundesstaat oder gar die Stadt. Nach außen tritt der Staatenbund sehr geschlossen auf und hat damit in vielen Bereichen großen Erfolg. Politisch und wirtschaftlich sind die USA zu einer weltweiten Führungsmacht geworden. Doch auch in anderen Bereichen ist dieser Zusammenschluß sehr erfolgreich. Denkt man nur einmal an die Olympischen Spiele, so ist keine Mannschaft allein schon optisch so bunt gewürfelt, wie die der Vereinigten Staaten. Es kommt allerdings kein Amerikaner ernsthaft auf die Idee, die vorhandene Ordnung anzuzweifeln.

Andererseits ist im Osten vor nicht allzu langer Zeit die Sowjetunion auseinander gebrochen, und aus den Trümmern entstehen zahlreiche kleine Staaten. Viele von ihnen führen neue Währungen ein, um so auch nach außen ein neues Zeichen zu setzen. So wird über die Währung ein neues Nationalbewußtsein demonstriert.

Vor der eigentlichen Meinungsbildung zum aktuellen europäischen Unionsprozeß muß die Bestandsaufnahme stehen. Wie sieht im Frühjahr 1996 die konjunkturelle Lage in Deutschland aus?

Der Monatsbericht März 1996 der Deutschen Bundesbank zeichnet alles in allem ein düsteres Bild. Die ersten zarten Triebe einer langsam auf Touren kommenden Konjunktur drohen wieder zu vertrocknen. 1994 war noch ein Jahr voller Hoffnung. Die Produktion im Produzierenden Gewerbe und der Auftragseingang im Verarbeitenden Gewerbe stieg nach rückläufigen Jahren deutlich an, doch bereits mit dem Jahresbeginn 1995 kam wieder der Rückschlag. Im Produzierenden Gewerbe kam es 1995 nur zu 0,2 % Wachstum und der Auftragseingang im Verarbeitenden Gewerbe stieg lediglich um 1,8 %. Im Vorjahr lagen die Vergleichswerte noch bei + 4,5 % bzw. + 8,3 %. Das gesamtdeutsche Ergebnis ist nur deshalb insgesamt positiv ausgefallen, weil die ostdeutschen Bundesländer vergleichsweise sehr gute Ergebnisse erzielt haben.

Ähnlich ist das Verhältnis bei Betrachtung der Auftragseingänge im Bauhauptgewerbe, wo noch 1992 eine Zunahme von 12,6 % zu verzeichnen war. Drei Jahre später trifft man auf ein Negativwachstum von 3,3 %.

Der deutsche Einzelhandel hat sich ähnlich schlecht entwickelt. Die hohen Zuwachsraten der späten 80er und frühen 90er Jahre werden nicht mehr erreicht. Die gesamte konjunkturelle Entwicklung zeigt sich sehr deutlich in den Warenhausumsätzen, die von 1993 auf 1994 einen Umsatzrückgang von 7,4 % zu verzeichnen hatten. Ebenfalls rückläufig waren die Umsätze mit Nahrungsmitteln, Getränken, Tabakwaren, allen Formen von Kleidungsstücken und auch Einrichtungsgegenständen. Allein der Fahrzeugumsatz hat sich um 1,5 % erhöht.

Die Zahl der Arbeitslosen hat in den letzten Jahren eine bedenkliche Entwicklung genommen. 1993 waren in Deutschland 3,419 Millionen Menschen arbeitslos, d. h., die Arbeitslosenquote lag bei 8,8 %. Im Februar 1996 hat sich dieser Wert bereits auf 11,1 % erhöht und

4,270 Millionen Menschen sind ohne Arbeit. Erstaunlich ist dabei nur, daß sich die Zahl der offenen Stellen von 279 000 1993 auf 327 000 im Februar 1996 erhöht hat. Daraus läßt sich auch die Art der Arbeitslosigkeit ableiten, denn oftmals sind die Stellen frei, die eine besondere Qualifikation erfordern. Bei der Arbeitslosenzahl muß man in jedem Fall auch noch Bedenken, daß Tausende deutsche Bürger an Umschulungsmaßnahmen u. ä. teilnehmen und so nicht in der Statistik erfaßt werden. Die „Dunkelziffer" der Arbeitslosigkeit liegt somit deutlich höher. In Ostdeutschland ist die Arbeitslosigkeit viel höher als im Westen. Die Quote liegt im Februar 1996 in Ostdeutschland bei 17,5 % und in den alten Bundesländern bei lediglich 9,6 %.

Für jeden einzelnen Bürger ist dann noch die Gegenüberstellung der Preisindexentwicklung einerseits und der Effektivverdienste andererseits interessant. Im Januar 1996 stieg der Preisindex um 1,5 % bei einer Steigerung der Effektivverdienste um 3,6 % in West- und 7,1 % in Ostdeutschland. Dabei darf aber nicht übersehen werden, daß die öffentlichen Abgaben momentan auf sehr hohem Niveau sind und de facto den Lohnzuwachs aufzehren.

Kommt es in absehbarer Zeit denn wieder zu einer Entspannung dieser Situation? Glaubt man den aktuellen Konjunkturprognosen, so zeigt sich sehr deutlich, daß die Komsumbereitschaft und Anschaffungsneigung der Deutschen weiter zurückgeht. Von daher kann die erhoffte Konjunkturbelebung schon nicht kommen. Verfolgt man dann noch die immer wieder auftretenden Diskussionen über eine Mehrwertsteuererhöhung, so verdunkelt das die Perspektiven eher noch mehr. Dazu muß man wissen, daß Deutschland mit 15 % gerade den europäischen Minimalsatz für die Umsatzsteuer erreicht. Andere europäische Länder arbeiten mit dem Maximalmaß von 25 %. Die Diskussion der Mehrwertsteuererhöhung findet oft im Zusammenhang mit den Statistiken der Bundesanstalt für Arbeit statt. Mit steigenden Arbeitslosenzahlen müssen neue Finanzierungsquellen dieses Problems erschlossen werden. Ein simples Ausweiten der Staatsverschuldung ist aufgrund des entsprechenden Konvergenzkriteriums bekannterweise ja nicht mehr möglich.

Deutschland ist immer stark exportabhängig gewesen und wird es auch weiterhin bleiben. Kann denn nicht ein verstärkter Export die Lücken füllen? Innerhalb Europas belasten die Konvergenzkriterien auch die anderen Staaten, die vornehmlich auch erst einmal die eigenen Probleme lösen wollen. Wirtschaftliches Wachstum und damit einhergende erweiterte Exportchancen für die deutsche Industrie ist nicht auszumachen. Amerika ist auch ein wichtiger Handelspartner Deutschlands. Doch auch dort zwingen innenpolitische Probleme die US-Politiker zu unpopulären Maßnahmen und erschweren der deutschen Wirtschaft den Export.

Anhand des US-Dollars kann man auch beispielhaft die Probleme aufzeigen, die Deutschland im Moment von der Währungsseite her hat. Anfang der 80er Jahre konnte der deutsche Export vom hohen US-Dollar-Kurs sehr stark profitieren. Dann kam eine Phase des Dollarrückgangs, doch machte sich diese erst sehr viel später bemerkbar, denn entweder waren langfristige Verträge mit fixen Wechselkursen abgeschlossen worden oder die entsprechenden Transaktionen waren wechselkursgesichert. Ab Mitte der 80er Jahre haben die Unternehmen dann davon profitiert, daß die Importpreise gesunken sind und von daher die Gewinn- und Verlustrechnung entlastet werden konnte.

Doch diese positiven Effekte sind jetzt weitestgehend aufgebraucht. Die Perspektive von seiten des US-Dollar sieht so aus, daß die meisten Unternehmen mittlerweile ihre Ertragsprognosen für die Folgejahre auf einen deutlich niedrigeren US-Dollar-Stand heruntergerechnet haben. Daimler-Benz ist da ein Paradebeispiel. Die Unternehmen aber, die in den „fetten" Jahren die zusätzlichen Erträge zur Stärkung der Finanzkraft genutzt haben, weisen jetzt einen klaren Wettbewerbsvorteil auf.

Ein weiteres Problem des US-Dollar liegt darin, daß mit den angestiegenen Erträgen vermehrt investiert worden ist und somit zahlreiche neue Arbeitsplätze geschaffen worden sind. Diese können jetzt nicht mehr gehalten werden, woraus sich teilweise das Dilemma am Arbeitsmarkt erklärt. Nur ein wiedererstarkender US-Dollar kann dazu beitragen, daß die Arbeitsplätze auf dem jetzigen Niveau gehalten bzw. weiter ausgebaut werden können. Die Tendenz der US-Währung in den letzten Wochen gibt dabei ein wenig Anlaß zur Hoffnung. Nachhaltig positive Impulse können, allerdings erst in einiger Zeit, von einer anziehenden US-Konjunktur ausgehen.

Überhaupt: Die auch gegenüber vielen anderen Währungen starke DM hat den Export der letzten Jahren stark belastet, und viele Prognosen sehen hier positive Ansatzpunkte. Dabei wird unterstellt, daß die DM wieder etwas von ihrer Stärke abgibt. Das muß aber so nicht kommen, denn im Vorfeld der EWWU wird es noch viele Diskussionen um die Konvergenzfähgkeit einiger Länder geben und je nach Stand der Dinge kann die deutsche Devise auch weiter noch an Wert gewinnen. Geben die europäischen Regierungen der Erfüllung der Maastricher Kriterien oberste Priorität, wird es zu einer Einschränkung im Wirtschaftswachstum kommen. In naher Zukunft kann der Export somit nicht die Impulse liefern, die Deutschlands Wirtschaft so dringend benötigt.

Auf dem aktuellen Zinsniveau liegt es nahe, die Industrie zu verstärkten Investitionen aufzufordern. So werden Arbeitsplätze geschaffen, und Deutschland kann sich quasi an den eigenen Haaren aus der Misere ziehen.

Doch so wenig dieses Bildnis bei Münchhausen der Wahrheit entsprach, so wenig ist auch Deutschland momentan zu einem solchen Kraftakt fähig. Die deutsche Industrie transferiert ihre Investitionen lieber ins europäische Ausland, wo die gesamten Kosten teilweise nur einen Bruchteil des heimischen Niveaus erreichen. Dadurch lohnt sich wenigstens das unternehmerische Risiko wieder. Inlandsinvestitionen rentieren aktuell bei ca. 4 %. Kann man dafür ernsthaft von einem Unternehmen gesteigerte Sachinvestitionsbereitschaft verlangen, wenn es bereits für zehnjährige risikolose Geldanlagen ca. 6 % gibt?

Kann die Bauindustrie die Schrittmacherrolle der Wirtschaft übernehmen? Der negative Trend des letzten Jahres wird sich eher noch weiter fortsetzen. Im öffentlichen Bau sieht es schlecht aus, da die Kommunen unter dem Kreuz der leeren Kassen zu leiden haben. Der private Wohnungsbau wird so schnell auch nicht wieder zunehmen, denn es kam im vergangenen Jahr aufgrund der steuerlichen Änderungen zum 01. Januar 1996 zu zahlreichen vorgezogenen Käufen, die natürlich in diesem und nächsten Jahr fehlen werden.

Die deutsche Wirtschaft braucht also eine andere Triebfeder. In der letzten Zeit wurde oftmals laut darüber nachgedacht, daß die Bundesbank über weitere Leitzinssenkungen den ersten Schritt tun muß. Dadurch wird ein deutliches Zeichen gesetzt und die Industrie hat bereits zu verstehen gegeben, daß man dann auch wieder verstärkt in Deutschland investieren wird. Das Zinsniveau für langfristige Investitionen ist dann auch auf historisch günstigem Niveau. Flankierende Maßnahmen der Bundesregierung können in der Abschaffung einiger ungeliebter Unternehmenssteuern bestehen. So können die deutschen Produktionskosten gesenkt werden.

Jetzt stellt man mit einigem Recht die Frage, warum Deutschland gerade in einer solchen Situation die Währungshoheit auf ein supranationales europäisches Gremium übertragen soll und ob man damit nicht warten kann, bis ... ja, bis wann eigentlich? Die Fakten belegen eindeutig, daß es den Deutschen momentan nicht so gut geht wie noch vor wenigen Jahren. Geht es uns deshalb aber schlecht? Ist Verzicht auf maximal Mögliches gleichzusetzen mit etwas Negativem? Bietet nicht vielleicht gerade der gemeinsame Binnenmarkt mit der einheitlichen europäischen Währung einen guten Ansatz zur Problemlösung?

Selbstverständlich kann niemand eine Garantie für das Gelingen des geplanten Vorhabens übernehmen. Ich kann auch niemandem glauben, der mir eine solche Garantie geben will. Europa ist in den letzten Jahren nicht in der Lage gewesen starke Währungsschwankungen zu vermeiden. Jetzt soll der Erfolg der EWWU garantiert werden können? Das geht mit Sicherheit nicht. Die einzige Garantie, die man geben kann, ist die auf schwerere Zeiten. Doch so, wie es nach jeder Nacht wieder einen Tag gibt, so wird es auch nach einer wirtschaftlich schweren Zeit wieder Aufschwungphasen geben.

Das ganze Projekt kann am besten in einem möglichst homogenen Wirtschafts- und Währungsraum durchgeführt werden. Doch was hat man sich darunter vorzustellen?

Eine Antwort auf diese Frage ist sehr schwer zu geben, doch ist offensichtlich, daß sich am ehesten die Staaten zusammenschließen sollen, die ähnliche wirtschaftliche Strukturen aufweisen. Nur dann kann man verlangen, daß die einzelnen Nationalstaaten auf ihre individuelle Währungspolitik verzichten und dieses sensible Steuerungsinstrument auf eine zentrale Behörde übertragen. Problematisch in diesem Zusammenhang ist, daß es nirgendwo ein adäquates Hilfsmittel gibt, welches die Ersatzfunktion der Währung übernehmen kann. Es gibt noch nicht einmal ein zentralisiertes Steuersystem. Gleiche oder gleichartige Güter oder Dienstleistungen werden innerhalb Europas verschieden besteuert und führen so zu Wettbewerbsverzerrungen.

Eine weitere Hypothek für Europa besteht darin, daß Unternehmen und teilweise auch Privatpersonen unter gewissen Voraussetzungen frei entscheiden können, in welchem europäischen Land die jeweiligen Einkommen versteuert werden. So nutzt man natürlich das System aus und verlagert die Einkommen nach Möglichkeit in Länder mit vergleichsweise niedrigen Steuersätzen. Die Summe aller europäischen Steuereinnahmen wird so minimiert. Besonders deutlich wird dies für den Produktionsfaktor Kapital, der problemlos von einem Land zum anderen transferiert werden kann. Hier gilt es, eine zufriedenstellende und einheitliche Regelung für alle beteiligten Länder zu finden.

Ein zentrales und leicht verständliches europäisches Steuersystem kann so im Vorfeld dazu beitragen, daß zahlreiche Spannungen aufgrund heterogener fiskalpolitischer Voraussetzungen in den einzelnen Staaten erst gar nicht auftreten. Um die Ernsthaftigkeit dieses Vorhabens zu unterstreichen, können durchaus für eine Übergangszeit Fiskaltransfers vorgesehen sein. Damit unterstreichen die wirtschaftlich stärksten Länder ihr Verantwortungsbewußtsein für die schwächeren Staaten.

So weit, so gut. Doch alle diese Maßnahmen und Vorhaben lassen sich nur realisieren, wenn die Basis, d. h. die Bevölkerung, bereit ist, diese zu unterstützen. Unterstützung oder gar Begeisterung für eine Sache kann aber nur dann aufkommen, wenn man darüber umfassend informiert ist.

Leider gibt es in der Bevölkerung deutliche Informationsdefizite. Diese gilt es so schnell wie möglich zu beseitigen. Die Bundesregierung hat ein neues Programm eingeleitet, in dem die Grenze zwischen neutraler Aufklärungsarbeit auf der einen Seite und aggresiver Propaganda auf der anderen nicht eindeutig zu ziehen ist. Fest steht, daß den Bürgern alle Konsequenzen eindeutig vor Augen geführt werden müssen, die Chancen und Vorteile, aber auch die Risiken und Nachteile. Die Bevölkerung hat in zahlreichen Befragungen deutlich geäußert, worüber noch erhöhter Informationsbedarf besteht. Dabei handelt es sich um die Auslegung der Konvergenzkriterien, den wahrscheinlichen Teilnehmerkreis, die voraussichtlichen Umtauschverhältnisse, die Entwicklung des Geldwerts während der Übergangsphase und nach der kompletten Umsetzung und letztendlich die Aufgaben und Ziele der neuen europäischen Gremien.

Solange hier nicht harte Aufklärungsarbeit geleistet wird, fehlt es an europäischem Bewußtsein und völkerübergreifender Akzeptanz. Das Thema wird zwar in der Öffentlichkeit diskutiert, aber es sind keine Erfolge auf dem Weg zur europäischen Selbstfindung zu verzeichnen. Gründe dafür sind mit Sicherheit, daß sich die Bewohner der einzelnen Staaten nicht von ihrer eigenen Nationalität entfernen können und wollen. Man will nicht einfach so in eine ungewisse europäische Identität eintauchen. Die europäische Idee wird aber entscheidend davon abhängen, ob es ausreichend Bürger mit europäischer Denke geben wird, denn ohne sie ist die Idee von vornherein zum Scheitern verurteilt. So wie es ohne entsprechende Mitarbeiter keine gute Firma und ohne engagierte Sportler keinen vernünftigen Verein geben kann, so wird es auch ohne ausreichende Zahl an Europäern nie ein funktionierendes Europa geben. Der europäische Sockel, das Grundgerüst und der Schmierstoff zum reibungslosen europäischen Gelingen muß von der Bevölkerung gestellt und nicht politisch erzwungen werden. Die Politiker müssen diese Idee vorleben, damit sie andere damit begeistern können.

Es ist jedoch bedenklich, daß weder der öffentliche Sektor, die privaten Verbände oder die Kreditwirtschaft Verantwortung übernehmen, wenn es darum geht, eine dezentrale Kommunikationstrategie zu entwerfen. Jeder schiebt den anderen vor. Nach meinem Verständnis kann nur dem Bund die Zuständigkeit für die Aufklärung über grundsätzliche Funktionsmechanismen des EWWU sowie das Übergangsszenario auf den Euro obliegen. Die Kreditinstitute und Wirtschaftsverbände können dann auf spezielle Kundenbedürfnisse reagieren.

Die Grundlagenarbeit sollte aber in jedem Fall von öffentlichen Institutionen, also beispielsweise dem Staat oder den Zentralbanken ausgehen. Dabei muß das Bewußtsein für die neue Währung geschärft werden. Bedenkt man, daß europaweit nur ca. 60 % der Bürger näheres über die kommende Währungsumstellung wissen, macht das den Umfang der Informationsnotwendigkeit deutlich. Vor diesem Hintergrund handelt ein Teil der Medien unverantwortlich, indem im Vorfeld der eigentlichen Informationsarbeit der Ausstieg aus dem Maastrichter Vertrag als Option diskutiert wird. Dadurch wird gerade bei den uninformierten Bürgern zusätzlich unnötige Unsicherheit geschürt.

Aus Sicht der Bundesregierung wird es mit Hinblick auf 1999 und den 1998 anstehenden Wahlen eine dringende Aufgabe sein, die Bevölkerung weiter zu informieren. So werden viele paroleähnliche Aussagen der SPD entkräftigt, die eine Verschiebung der EWWU und somit einen Erhalt der DM fordert. Man darf nicht aus den Augen verlieren, daß der Übergang zum Euro von mentalen Barrieren blockiert wird und der ganze Vorgang sehr emotionsgeladen ist.

Eine Testphase für die dritte Stufe wird es nicht geben und deshalb muß es eine der höchsten politischen Aufgaben sein, schon frühzeitig die Glaubwürdigkeit der Währung zu festigen, indem die Funktionsweise und Auswirkungen der EWWU aufgezeigt und die Bevölkerung informiert wird.

Die Schaffung eines europäischen Volkes ist somit das Primärziel aller nationalen Politiker, die das Thema Europa unter den Bürgern verwurzeln. Der völkerübergreifende Schulterschluß kann nur von der Basis aus herbeigeführt werden.

Die Einhaltung der Konvergenzkriterien ist ein erster Schritt in diese Richtung. Eine solche Vorgehensweise wird, auch bei geringfügigen politischen Zugeständnissen, vertrauensfördernd sein, unterstützt sie doch die strenge Haushaltsdisziplin der Mitgliedsländer. Gleichzeitig wird sichergestellt, daß nur die Länder neu aufgenommen werden, die ebenfalls über einen gewissen Zeitraum einen gewissen Stabilitätsstandard in Form einer geringen Inflationsrate bzw. entsprechend niedrigen Kapitalmarktzinsen nachgewiesen haben.

Darin liegt eine große Chance des Euros, denn so kann er innerhalb kürzester Zeit in den elitären Kreis der Reservewährungen aufsteigen und einen starken Gegenpol zum US-Dollar darstellen kann. Im Kontext der Konvergenzkriterien wird in einigen Medien verstärkt gefordert, daß auch die Arbeitslosigkeit eine Meßlatte für die Gleichartigkeit der Wirtschaften darstellen soll. Das ist jedoch ein unglücklicher Denkanstoß, denn durch die Aufnahme der Arbeitslosenquote in den Kreis der Konvergenzkriterien wird sich in der Realität nicht viel ändern. Die Länder allerdings, die das Kriterium nicht erfüllen, werden anfangen, über zweifelhafte Maßnahmen genau diese Quote zu verfälschen und manipulieren.

Eine überschaubare Startergruppe bietet aber auch noch andere Vorteile. So können auftretende Probleme in einem kleinem Teilnehmerkreis viel leichter bewältigt werden als in einer großen heterogenen Gruppe. Als wichtigstes Argument bleibt jedoch festzuhalten, daß durch den rechtzeitigen Start der politische Wille für die europäische Einheit dokomentiert wird.

Kritiker weisen oft darauf hin, daß in der EU die Wirtschafts- und Währungsunion vor der politischen Union verwirklicht werden soll. Verschiedene Maßnahmen sollen aber sicherstellen, daß dieses Vorgehen trotzdem ein Erfolg wird. So bestimmt die europäische Zentralbank (EZB) die Geldpolitik frei von politischem Druck. Die Unabhängigkeit dieser Notenbank ist eine wichtige Voraussetzung für die Stabilitätsorientierung. Problematisch könnte sein, daß die EU über keine fiskalpolitische Behörde verfügt, die in heiklen Lagen der EZB zur Seite steht. So wird die EZB anfänglich in ihren Bemühungen um eine unabhängige und auf Preisstabilität ausgerichtete Geldpolitik öfters auf Schwierigkeiten stoßen.

Bei allen Widrigkeiten und Problemen muß man sich vor Augen halten, daß das bisher Erreichte ist nicht irreversibel ist und die Gefahr besteht, daß bei Verzicht auf eine einheitliche Währung ein Rückschritt zu erwarten ist. Außerdem muß man sich fragen, wie die Gremien und Ausschüsse ernsthaft weiterarbeiten sollen, wenn ständig Kritik und Zweifel am bisher Erreichten laut werden. Europa muß mindestens am einmal Beschlossenen festhalten.

Darüber hinaus muß die europäische Integration vorangetrieben werden. Eine Vertiefung der europäischen Beziehungen hilft allen weiter. Kein Land kann ein ernsthaftes Interesse daran haben, in nahezu infantilen Bemühungen am eigenen Level festzuhalten. Rufen wir uns die Konjunkturerwartung für die nächsten Jahre vor Augen, so bietet diese doch auch keine problemlosen Aussichten. Warum kann man nicht den Weg gehen, der langfristig vernünftige Perspektiven aufzeigt?

Natürlich gibt Deutschland seine führende geldpolitische Rolle in Europa ab, aber geschieht dies ohne Gegenleistung? Durch den Wegfall von Wechselkursschwankungen können andere Länder durch die Abwertung der eigenen Währung dafür nicht mehr vorsätzlich zu Lasten unseres Landes wirtschaften und so die Bemühungen der deutschen Regierung um mehr Attraktivität für Inlandsinvestitionen unterlaufen.

Gibt man auf dem jetzigen Level auf, so läßt man Deutschland und viele europäische Nachbarländer auf einem gefährlichen Kurs. Das Ausmaß der staatlichen Leistungen hat ein sehr großes Ausmaß erreicht und böse Zungen sprechen nicht ganz zu Unrecht vom deutschen Wohlfahrtsstaat, in dem das Füllhorn sozialer Leistungen zu großzügig ausgeleert wird. Eine europäische Union kann mit einheitlichen Regelungen diesen Tendenzen Einhalt gebieten.

Für eine europäische Währung sprechen auch die eingangs gemachten währungspolitischen Überlegungen. Kommt der Euro nicht, so werden die Weichwährungen wieder starke Renditeaufschläge erfahren und die traditionellen Hartwährungsländer, allen voran die DM, wird wieder eine der favorisierten Anlagewährungen sein. So kommt es zu einer weiteren Aufwertung der DM. Wenn wir uns recht erinnern, war dies bei der Konjunkturbetrachtung genau der Punkt, den unsere exportlastige Wirtschaft vermeiden mußte.

Ein einheitliches Europa ist auch als Handelspartner für die anderen großen Wirtschaftsblöcke interessanter und wird mit Sicherheit vermehrt ausländisches Kapital in Form von Geld- und Sachinvestitionen anziehen. Davon profitiert selbstverständlich auch Deutschland als wirtschaftliche Lokomotive des alten Kontinents.

Funktionieren kann alles nur, wenn eine zentralgeführte europäische Verwaltung geschaffen wird, die alle Vorgänge überwacht und koordiniert. Doch genau da befindet sich Europa auf dem richtigen Weg.

Wer heute für eine europäische Union und den Euro votiert, stimmt nicht leichtfertig für ein europäisches Wunschkonzert. Vielmehr unterstützt er ein hoffnungsvolles Vorhaben, was weder der ökonomischen noch der politischen Sinnhaftigkeit entbehrt.

Ich habe großes Verständnis dafür, daß es dem einen oder anderen schwer fällt, sich von den altgewohnten Gegebenheiten zu trennen. Doch die Ausführungen haben deutlich gezeigt, daß nur ein stabiles und langsam wachsendes Europa die Zukunftsperspektive ist. Übergangszeiten sind schon immer Zeiten der Bewährung gewesen. Diesmal muß sich Europa auf juristischem, wirtschafts- und währungspolitischem Neuland behaupten.

Vielfach hört man jetzt das Argument, daß der Weg schon richtig, aber viel zu kostenintensiv ist. Tatsächlich ist im Rahmen der Subsidiarität nie eindeutig geklärt worden, welche Aufgaben an die Gemeinschaft übertragen werden und um welche Aufgaben sich die Länder weiterhin eigenverantwortlich kümmern. Tatsache ist, daß alle neuen Aufgaben zusätzliche politische Kosten verursachen. Dabei ist bisher die Finanzierung dieser Kosten über den Kapitalmarkt aus gutem Grund unterblieben. Modellrechnungen der Europäischen Gemeinschaft zeigen eindrucksvoll, daß die Kosteneinsparungen die Neukosten bei weitem überdecken und von daher das Thema der Finanzierung eigentlich umbenannt werden müßte. Demnach wird mit einem Teil der bisher aufgewendeten Mittel lediglich eine andere Institution bezahlt. Die konsequente Ausnutzung des Subsidiaritätsprinzips muß zur Minimierung der Gemeinschaftskosten führen. Die Mitgliedstaaten müssen selbstverständlich darauf achten, daß neue politische Aufgaben nur dann von einem EU-Organ übernommen werden, wenn andererseits in den nationalen Gremien Kosten in gleicher Höhe gespart werden. Die ständige Minimierung der politischen Kosten ist ein Oberziel, denn durch die eventuell anstehende Erweiterung der Gemeinschaft werden fallweise neue Belastungen produziert, die nicht zu einer maßlosen Ausweitung dieses Kostenblocks führen dürfen.

Auch der vielerorts aufgeführte Vergleich der deutsch-deutschen Vereinigung und Währungsumstellung im Verhältnis 1 : 1 entbehrt jeglicher ökonomischer Grundlage. Dieser Umrechnungskurs entsprach nicht den wirtschaftlichen Hintergründen, sondern war politisch motiviert. Das wird bei der EWWU anders sein, denn in der dritten Stufe der EWWU werden nur Länder mit ähnlichen Wirtschaftslagen zusammengelegt, dafür stehen die Konvergenzkriterien.

Einer Zweiteilung Europas kann man dabei dadurch entgegenwirken, daß die Währungen der Länder, die nicht von Anfang teilnehmen, an einem neuen Europäischen Währungssystem teilnehmen, dem der Euro als Ankerwährung zugrundeliegt. Bei einem späteren Konvergenztest kann auch leichter das Wechselkurskriterium überprüft werden.

12. Die Organe der Europäischen Union

In der EU gibt es insgesamt fünf Organe:

1. das Europäische Parlament
2. der Rat der Europäischen Union
3. die Europäische Kommission
4. den Europäische Gerichtshof
5. der Europäische Rechnungshof

Neben diesen typischen Organen gibt es noch den Europäischen Rat.

12.1 Das Europäische Parlament

Das Europäische Parlament (EP) mit Sitz in Straßburg findet seinen Ursprung in der EGKS. Dort war bereits eine gemeinsame Versammlung vorgesehen, die von den Abgeordneten der jeweiligen Mitgliedsländern gebildet wurde.

Die Abgeordneten werden im Fünfjahresrhythmus gewählt und die nächste Wahl findet 1999 statt. Jeder EU-Bürger hat für dieses Organ an seinem Wohnsitz das sogenannte aktive und passive Wahlrecht, d. h., er kann sowohl wählen als auch gewählt werden. Die Zahl der Abgeordneten richtet sich nach Landesgröße und Bedeutung. Deutschland stellt z. B. mit 99 Abgeordneten die zur Zeit größte Gruppe. Es folgen Frankreich, Italien und Großbritannien mit je 87 Vertretern.

Das Europäische Parlament teilt sich in verschiedene länderübergreifende Fraktionen ein. Die Abgeordneten wählen aus ihrem Kreis einen Präsidenten und 14 Vizepräsidenten und treffen sich für zwölf Wochen jedes Jahr am Amtssitz des Europäischen Parlaments. Darüber hinaus gibt es noch Arbeitswochen.

Die Abgeordneten bilden insgesamt 21 Ausschüsse, damit die einzelnen Fachfragen nicht immer in der Gesamtheit diskutiert werden müssen, sondern bereits mit Sachverstand aufgearbeitet worden sind, bevor sie der Allgemeinheit der Abgeordneten vorgestellt werden.

Im Zuge der europäischen Entwicklung wuchsen auch die Befugnisse des Europäischen Parlaments. Aktuell verfügt das Europäische Parlament über die folgenden Rechte:

Gesetzgebungsrecht: In vielen entscheidenden Bereichen wirkt das Europäische Parlament bei der Gesetzgebung aktiv mit, obwohl es bis 1971 lediglich beratende Funktion hatte. Bis zum heutigen Zeitpunkt kann das Europäische Parlament nicht von sich aus eigene Gesetzestexte entwikkeln und vorlegen. Es fehlt das sogenannte Initiativrecht. Somit ist das Europäische Parlament darauf abgestellt zu reagieren statt zu agieren.

Rechte in der Außenpolitik: Alle völkerrechtlichen Vereinbarungen können nur dann in Kraft treten, wenn das Europäische Parlament ihnen zugestimmt hat.

Kontrollrecht: Durch regelmäßige Befragungen übt das Europäische Parlament seine Kontrollrechte gegenüber der Europäischen Kommission oder dem Rat der Europäischen Union aus.

Haushaltsrecht: Das Europäische Parlament verabschiedet in Kooperation mit dem Rat der Europäischen Union den Haushalt. Wichtig in diesem Zusammenhang ist der Hinweis auf das Vetorecht bei sogenannten nichtobligatorischen Ausgaben. Darunter versteht man Ausgaben, die nicht unmittelbar oder mittelbar aus den Verpflichtungen der Europäischen Union resultieren. Letztlich hat das Europäische Parlament sogar das Recht, den Haushaltsplan komplett abzulehnen.

12.2 Der Rat der Europäischen Union

Der Rat der EU ist stets eine spezielle Ministerrunde. So kann der Rat aus den Agrarministern zusammengesetzt werden oder auch aus den Umweltministern. Üblicherweise meint man mit der zusatzlosen Bezeichnung „Rat“ den Rat der Außenminister. Dem Rat arbeitet ein Generalsekretariat und ein Ausschuß aus ständigen Vertretern zu. Der Ratsvorsitzende wechselt halbjährlich. Bis vor kurzem ging man bei Erstellung der Reihenfolge alphabetisch vor, aber man hat sich für die Folgejahre auf folgenden Ablaufplan festgelegt:

2. Halbjahr 1996:	Irland
1. Halbjahr 1997:	Niederlande
2. Halbjahr 1997:	Luxemburg
1. Halbjahr 1998:	Großbritannien
2. Halbjahr 1998:	Österreich
1. Halbjahr 1999:	Deutschland
2. Halbjahr 1999:	Finnland
1. Halbjahr 2000:	Portugal
2. Halbjahr 2000:	Frankreich
1. Halbjahr 2001:	Schweden
2. Halbjahr 2001:	Belgien
1. Halbjahr 2002:	Spanien
2. Halbjahr 2002:	Dänemark

Aus der geschichtlichen Betrachtung heraus hat der Rat der Europäischen Union an Macht verloren, denn früher war er alleine für die legislative Gewalt zuständig. Heute muß er in vielen Bereichen eng mit dem Europäischen Parlament kooperieren. Ihm ist es freigestellt, ob er dann die Vorschläge der Europäischen Kommission abarbeitet oder auch initiativ selber Ausarbeitungen zu einem speziellen Thema bei diesem Organ anfordert. Je nach Art der Entscheidung werden im Rat dann verschiedene Mehrheiten benötigt.

12.3 Die Europäische Kommission

Die Europäische Kommission mit Sitz in Brüssel besteht aus 20 Kommissaren, die während ihrer Amtszeit völlig unabhängige Entscheidungen treffen. Sie sind von Entscheidungsvorschlägen ihrer jeweiligen Nationalgremien losgelöst und ihre Amtszeit beträgt seit neuestem fünf Jahre.

Der Europäischen Kommission fällt das schon öfter angesprochene Initiativrecht zu, d. h., dieses Organ darf Gesetzesentwürfe aufstellen, allerdings nicht alleine verabschieden. Aus dem Initiativrecht folgt, daß die Europäische Kommission eine große europäische Verantwortung trägt. Sie ist hauptverantwortlich für Ausmaß und Tempo der Entwicklung in Europa.

Darüber hinaus ist die Europäische Kommission für den Vorentwurf des Haushaltsplanes der Europäischen Union verantwortlich. Ist der Haushalt dann verabschiedet, obliegt dem Gremium die korrekte Durchführung, d. h., es überwacht, ob die Gelder wirklich nur für die geplanten Ziele verwendet werden. Dazu bedient es sich sogenannter Fonds, in die zunächst die entsprechenden Gelder eingezahlt und dann verwendungsgerecht ausgezahlt werden.

Eine letzte Aufgabe liegt in der Überwachung des europäischen Rechts. Verstößt ein Mitgliedsland gegen die geltenden Verträge, so muß die Europäische Kommission einschreiten und Klage erheben.

12.4 Der Europäische Gerichtshof

Der Europäische Gerichtshof überwacht die Einhaltung der Gesetze und prüft auftretende Streit- und Zweifelsfragen. Viele Schnittstellen des europäischen Rechts sind erst in der Praxis aufgefallen. Die Entscheidungen des Europäischen Gerichtshofes sind unanfechtbar, da es sich um die letzte Instanz handelt.

Nationale Gremien können mit Problemen bei der Umsetzung des Europarechts den Europäischen Gerichtshof um Vorabentscheidungen bitten. Diese haben für den Nationalstaat bindenden Charakter und sind nicht etwa nur als Vorschlag zu verstehen.

Der Europäische Gerichtshof besteht aus 15 Richtern und sechs Generalanwälten, die von den Regierungen der jeweiligen Mitgliedsstaaten einvernehmlich festgelegt werden.

12.5 Der Europäische Rechnungshof

Dieses fünfzehnköpfige Organ kontrolliert die Haushaltsverwendung auf Rechtmäßigkeit, Ordnungsmäßigkeit und Wirtschaftlichkeit und veröffentlich einmal jährlich seinen Prüfungsbericht.

12.6 Der Europäische Rat

Dieses Gremium wird aus den jeweiligen Regierungschefs der Mitgliedsländer gebildet und deshalb manchmal auch als „Superorgan" bezeichnet. Der Europäische Rat (nicht zu verwechseln mit dem Europarat der EWG) kümmert sich deshalb auch nicht um das tägliche Europageschäft, sondern diskutiert und entwickelt weitreichende europäische Strategien und Pläne. Er trifft sich mindestens einmal pro Halbjahr im Land des jeweiligen Ratspräsidenten und berichtet anschließend dem Europäischen Parlament.

13. Literaturempfehlungen

Allgemeine Einführungen:

Petra Moritz, Bruno Zandonella, Europa für Einsteiger (Arbeits- und Lehrerheft), 1994, Bundeszentrale für politische Bildung

Von der EG zur Europäischen Union, Arbeitshilfen für die politische Bildung, Bundeszentrale für politische Bildung

Europa ohne Grenzen, Amt für amtliche Veröffentlichungen der Europäischen Gemeinschaften

Europa 2000, Die Europäische Union der 15 Staaten, Presse- und Informationsamt der Bundesregierung, ISSN: 0177-3291

Carsten Peter Thiede, Wir in Europa – Wurzeln, Wege, Perspektiven, Presse- und Informationsamt der Bundesregierung

Grünbuch über die europäische Sozialpolitik, Weichenstellung für die Europäische Union – Zusammenfassung, Amt für amtliche Veröffentlichungen der Europäischen Gemeinschaften, ISBN: 92-826-7116-X

Die Europäische Kommission 1995 bis 2000, Amt für amtliche Veröffentlichungen der Europäischen Gemeinschaften, ISBN: 92-826-9483-6

Europäischer Binnenmarkt:

Der Europäische Binnenmarkt, Bundesministerium für Wirtschaft

Der Binnenmarkt – Europa in Bewegung, Europäische Kommission, 1995, ISBN: 92-826-9785-1

Vorbereitungen auf den Binnenmarkt – Sparkassenheft Nr. 114, Deutscher Sparkassen- und Giroverlag, Stuttgart, 1991

Paolo Cecchini, Europa '92 – Der Vorteil des Binnenmarktes, Baden-Baden, 1988

Europäische Währungen und Markttendenzen:

Jahresbericht 1994, April 1995, Europäisches Währungsinstitut

Progress Towards Convergence, Report prepared in accordance with article 7 of the EMI statute, November 1995, European Monetary Institute

Stefan Collignon, Das Europäische Währungssystem im Übergang: Erfahrungen mit dem EWS und politische Optionen, 1994, Gabler Verlag, Wiesbaden, ISBN: 3-409-14050-6

Eine Währung für Europa, Grünbuch über die praktischen Verfahren zur Einführung der Einheitswährung, 1995, Europäische Kommission, ISBN: 92-827-4255-5

Hans-Joachim Jarchow, Peter Rühmann, Monetäre Außenwirtschaft – Monetäre Außenwirtshcaftstheorie, Göttingen, 1991

Internationale Organisationen un Gremien im Bereich von Währung und Wirtschaft, Sonderdrucke der Deutschen Bundesbank Nr. 3, Frankfurt, 1992

Monatsbericht der Deutschen Bundesbank, November 1989, Wechselkursentwicklung im Europäischen Währungssystem, Frankfurt, 1989

Monatsbericht der Deutschen Bundesbank, Juli 1990, Die erste Stufe der Europäischen Wirtschafts- und Währungsunion, Frankfurt, 1990

Gesetzestexte:

Europa-Recht, Beck-Texte im dtv, Sonderausgabe unter redaktioneller Verantwortung des Verlages C. H. Beck, München, 1995, ISBN: 3-423-050144 (dtv)

Regierungskonferenz 1996:

Der EU-Reform-Kompaß, Orientierung zur Regierungskonferenz 1996, Europäisches Parlament – Informationsbüro für Deutschland, 1995

14. Ansprechpartner in den europäischen Gremien

Auswärtiges Amt
Postfach 1148
53001 Bonn
02 28/17-0

Bundesministerium für Wirtschaft
Informationsstelle zum Europäischen Binnenmarkt
030/234-19 92

Europäische Bewegung Deutschland
Postfach 1529
53005 Bonn
02 28/729 00 60

Europäische Kommission
Vertretung in der Bundesrepublik Deutschland
Zitelmannstraße 22
53113 Bonn
02 28/53 00 90

Europäische Kommission
Generaldirektion Information, Kommunikation, Kultur, Audiovisuelle Medien
Generaldirektion Unternehmenspolitik, Handel, Tourismus und Sozialwirtschaft
Rue de la Loi 200
1049 Bruxelles

Europäisches Parlament
Informationsbüro für Deutschland
Bonn-Center/Bundeskanzlerplatz
53113 Bonn
02 28/22 30 91

Europäisches Währungsinstitut
(European Monetary Institute, EMI)
Postfach 102031
60020 Frankfurt am Main
069/27 22 70

Presse- und Informationsdienst der Bundesregierung
53105 Bonn
02 28/208-0